Achill Moser

Nimm nur mit,
was du tragen kannst

Auf den Spuren
Heinrich Heines
durch den Harz

Hoffmann und Campe

Die Abbildungen auf den Seiten 17, 32, 47, 135, 156, 160 und 180 stammen aus dem Heinrich-Heine-Institut, Düsseldorf, die Abbildung auf Seite 6 u. des Bildtafelteils von Friedemann Schwarz, Hohegeiß und die Karte im Vorsatz von Peter Palm, Berlin.
Der Verlag dankt für die Genehmigung zur Publikation.

1. Auflage 2008
Copyright © 2008 by
Hoffmann und Campe Verlag, Hamburg
www.hoca.de
Satz: Dörlemann Satz, Lemförde
Gesetzt aus der Stempel Garamond LT Pro
Druck und Bindung: C.H. Beck, Nördlingen
Printed in Germany
ISBN 978-3-455-50077-6

**HOFFMANN
UND CAMPE**

Ein Unternehmen der
GANSKE VERLAGSGRUPPE

Inhalt

Ich habe zu Fuß und meistens allein den ganzen Harz durchwandert, über schöne Berge, durch schöne Wälder und Thäler bin ich gekommen und habe wieder mahl frey geathmet. Ueber Eisleben, Halle, Jena, Weimar, Ehrfurt, Gotha, Eisennach, und Kassel bin ich wieder zurückgereist, ebenfalls immer zu Fuß. Ich habe viel herrliches und Liebes erlebt, und wenn nicht die Jurisprudenz gespenstisch mit mir gewandert wäre, so hätte ich wohl die Welt sehr schön gefunden.

Heinrich Heine

Einfach
aufbrechen

Alle geschäftlichen Besprechungen abgesagt.
Den Terminkalender zugeklappt.
Keine E-Mails.
Kein Telefon.
Kein Handy.

Schon seit Wochen war mir durch zu viel Arbeit verloren gegangen, was eigentlich nicht zu besitzen ist: Zeit. Ich hatte keine Zeit für meine Familie. Keine Zeit für Freunde. Keine Zeit für mich – stattdessen ein voller Terminkalender und die atemlose Abfolge von Vortragsveranstaltungen, in denen ich über meine Reisen in Afrika und den Wüsten der Welt berichtete. Monatelang war ich unterwegs, von Stadt zu Stadt, und beschwerte mich nicht über diesen Zustand. Denn der Kontakt mit dem Publikum erfüllte mich stets mit großer Freude und auch Dankbarkeit. Wer kann schon ohne Zuspruch und Anerkennung leben?

Doch nachts, in unbekannten Hotelzimmern oder zu Hause, überfiel mich immer häufiger eine große Leere. Schlappheit, Entkräftung und Schwunglosigkeit machten mir zu schaffen. Zu sehr war ich eingesponnen in den hektischen Alltag. Und die Anforderungen, die ich an mich selbst gestellt hatte, erschöpften mich. So durfte es nicht weitergehen.

Also riss ich mich vom Schreibtisch los, kehrte den Vortragssälen den Rücken, sprach allen sorgenvollen Gedanken die Kündigung aus und entschloss mich, den Blickwinkel zu wechseln, um mir einen kleinen Ozean an Zeit zurückzuerobern. Vier Wochen Auszeit wollte ich mir nehmen, fern von »unseren Städten, den Endprodukten unserer totalen Vernunft«, wie Heinrich Böll sie einmal nannte. Ich wollte den trüben Glanz der Großstadt gegen die Einsamkeit von Wäldern, Wiesen und Bergen eintauschen, wo ich endlich einmal wieder meinen Körper spüren konnte: den harten Schritt auf der Landstraße, den weichen in Wald und Wiese. Ich wollte wieder schauen, um wirklich zu sehen, wollte wieder richtig hören, riechen und tasten – und wollte mich vom Wind durchpusten lassen, die Nässe des Regens auf der Haut fühlen, unter dem weiten Schwung der Milchstraße im Freien schlafen und meine Hände in den weichen Erdboden stecken.

Hand aufs Herz: Wann hatten Sie das letzte Mal ein Stückchen Erde in Ihren Fingern, einfach so?

So kam es, dass ich mich von den tausend Wichtigkeiten der Welt abwandte und das Leben einmal wichtiger nahm als die Arbeit – mit einer Idee, einer Landschaft, einem Weg.

Mein Ziel hatte ich dabei klar vor Augen: einfach aufbrechen, um Neues zu entdecken, und etwas tun, was ich schon lange tun wollte, nämlich eines meiner Lieblingsbücher in den Rucksack stecken, die Wanderstiefel schnüren und allen sagen: »Ich gehe zu Fuß durch den Harz. Auf den Spuren von Heinrich Heine.«

Zu Fuß dem Rhythmus des eigenen Atems folgen.

Wenn nicht jetzt, wann dann?

Mit Begeisterung
und Leidenschaft

Eine Idee wird zumeist ganz plötzlich geboren. Vollkommen unvorbereitet trifft sie dich und reißt dich aus dem Alltagsdunst. Du willst sie beiseiteschieben, doch von Neuem blitzt sie auf wie ein fernes Leuchtfeuer, belebt sich mit farbigen Bildern und lässt dich nicht mehr los.

So fing es an, die Idee einer Wanderung durch den Harz auf Heinrich Heines Spuren.

Durch Zufall war mir in meinem Arbeitszimmer ein Buch in die Hände gefallen, das ich seit Jahren nicht mehr gelesen hatte.

Die »Harzreise« von Heinrich Heine.

Es war schon ein seltsames Gefühl, als ich das zerlesene Buch, das ich schon ein halbes Leben lang besaß, noch einmal aufschlug. Beim Durchblättern fühlte ich mich sogleich aufs Neue verführt. Fast wie von selbst schlugen die Seiten sich um – und aufs Geratewohl las ich einige Textstellen, die ich einst mit einem Bleistift markiert hatte und die, wie ich schnell merkte, noch immer von Bedeutung für mich waren.

Diese angestrichenen Textpassagen waren es, die mich beim Wiederlesen sofort in vergangene Tage entführten. Denn es gab eine Zeit in meinem Leben, in der ich ganze Nächte, wie im Rausch, mit einem Buch verbrachte. Damals las ich Henry Miller, Ernest Hemingway, Jack Kerouac, William Faulkner, Thomas Mann und eben auch Heinrich Heine, der mich mit besonderer Begeisterung erfüllte. Vor allem durch ihn habe ich erfahren, dass manche

Bücher nicht nur Bücher sind: Sie versetzten mich oft in eine andere Welt, lösten in mir Stürme und Sehnsüchte aus, sorgten für Vergnügen oder zwangen mich regelrecht in die Knie. Bücher sind Vermittler unterschiedlichster Emotionen, von rauschhaften Glückszuständen bis zu tiefer Furcht – das Spektrum umfasst alle Facetten unserer Gefühle.

Früher waren es vor allem Erweiterung und Entgrenzung, die ich spürte, wenn ich Texte von Heinrich Heine las. Seine Sicht der Dinge berührte mich zutiefst. Und auch heute liest sich Heines »Harzreise« für mich noch immer so anregend und erfrischend wie damals. Und noch immer bewundere ich den Mut seiner ungezwungenen, spöttischen Haltung und waghalsigen Auflehnung. Nach wie vor gehört es für mich zu den schönsten literarischen Entdeckungen, als ich in Jugendjahren Heines gesammelte Werke in die Hände bekam und mich die seltsame Intensität, seine beflügelnde Andersartigkeit sowie der Witz seiner Formulierungen zum Gefangenen seiner schriftstellerischen Virtuosität machten. Heine hatte sich auferlegt, was für Schriftsteller als schwierigste Aufgabe überhaupt gilt: die Arbeit an der Sprache. Auch wenn ich damals so gut wie nichts von Literatur verstand, kam es mir so vor, als schrecke Heine vor nichts zurück. Und ich konnte nur staunen.

Deshalb interessierte es mich auch nicht besonders, als Freunde und Bekannte mich nach den Gründen meiner Harzwanderung befragten. Muss man immer alles erklären und sichtbar machen? Begeisterung und Leidenschaft fragen nicht nach Sinn und Zweck.

Hinaus ins Land
der Wälder und Moore

Mitten in der Vorbereitung zu meiner Reise in den rund 120 mal 50 Kilometer großen Harz, der sich über die Bundesländer Niedersachsen, Sachsen-Anhalt und Thüringen erstreckt, kam eines Abends mein fünfzehnjähriger Sohn Aaron zu mir und sagte, dass er Lust hätte, mit mir ins Land der Wälder und Moore, der Burgen und Hexen zu kommen. Aaron ist ein begeisterter Wanderer, mit dem ich schon an der Nord- und Ostsee unterwegs war, in den Alpen sowie in der ägyptischen Wüste Sinai und der marokkanischen Sahara. Aaron weiß, was es bedeutet, einen 15 bis 20 Kilogramm schweren Rucksack auf den Schultern über Stock und Stein zu tragen. Darum erschreckte es ihn auch nicht, als er hörte, dass ich zu Fuß eine Strecke von 250 Kilometern zurücklegen wollte. Unbeeindruckt stand er neben mir, einen Kopf kleiner als ich, und sagte: »Wenn du die Harzreise in die Sommerferien legst, könnte ich mitkommen.« Lachend fügte er noch hinzu: »Außerdem haben wir in der Schule gerade einige Gedichte von Heinrich Heine durchgenommen.«

»Das passt ja gut«, meinte ich und freute mich über den naiven Überredungsversuch meines Sohnes, freute mich, dass er mit von der Partie sein wollte. In solchen Augenblicken verschwindet die Kluft der Jahre, die zwischen uns beiden liegen, fast vollständig.

Tags darauf stürzten wir uns gemeinsam in die Vorbereitungen zur Harzreise, wobei ich das sichere Gefühl hatte, eine solche Wanderung auf Heinrich Heines Spuren würde jenem Spaß gleichen, den ich einst als Kind empfand, wenn ich etwas Verbotenes tat. Und in dieser Gefühlsaufwallung, einer Mischung von Vorfreude und Erwartung, schlichen sich zwangsläufig auch eine Menge Fragen in meine Gedanken: Würden sich meine Wünsche und Sehnsüchte auf einer längeren Wanderung tatsächlich erfüllen? War es heutzutage noch möglich, sich mit der Kraft der Vorstellung an die Zeit Heinrich Heines anzunähern? Würde ich Heines Route im 21. Jahrhundert überhaupt noch nachvollziehen können? Hatte sich nicht in 180 Jahren zu viel verändert? Und hatte es wirklich Sinn, jene Orte und Landschaften aufzusuchen, von denen man in Erzählungen, Romanen oder Gedichten gelesen hatte? Was war es denn nun, das mich zu einem Streifzug durch den Harz verführte, um Landschaften, Orte und Städte aufzusuchen, die von ihrer dichterischen Existenz doch gar nichts zu wissen schienen? Warum suchte ich nach alten Wegen oder Pfaden, die ich doch schon durch einfühlsame Reiseberichte in meiner Fantasie beschritten hatte? Und worin lag der Reiz, jene Punkte und Plätze zu besuchen, wo Literatur durch die Begegnung mit der Wirklichkeit entstand? Würde ich dadurch schlauer? Oder verlangte meine Seele ganz einfach nach etwas, das ich in der Großstadt zurzeit nicht fand?

Vielleicht lässt sich mein Wunsch, auf den Spuren Heinrich Heines zu wandeln, am besten damit erklären, dass ich schon seit langer Zeit ein großer Bewunderer von ihm bin. Denn welcher Deutsche (ausgenommen vielleicht Goethe) ging so virtuos mit Sprache um wie dieser aus Düsseldorf stammende Dichter, der vor allem in Hamburg, Berlin und Paris lebte? Und bei dem es keine Rolle spielte, ob er Gedichte, Reisebilder oder Episches verfasste. Er war in allen literarischen Gattungen zu Hause.

Es war vor allem diese Faszination, die mich antrieb, den Spuren Heinrich Heines durch den Harz zu folgen. Das mag nach Klischee klingen, doch ich empfand es so. Mit Heine im Kopf veränderte sich schon in meinen Jugendjahren der Blick auf die Welt, und meine Fantasie bekam Flügel. Was Wunder also, dass ich neben der Lektüre seiner Bücher noch eine weitere Dimension hinzugewinnen wollte, indem ich die Schauplätze seiner »Harzreise« erkundete.

Je näher der Tag unserer Abreise rückte, desto mehr brannte ich darauf, unterwegs zu sein. Ich wollte endlich hinaus ins Freie und Weite, um auf den eigenen Beinen unterwegs zu sein, ganz aus eigener Kraft.

Die Sicht des Fußgängers ist keine ungewöhnliche Perspektive für mich, im Gegenteil: Mit Anfang fünfzig habe ich zwar noch immer keinen Führerschein, doch zu Fuß schon reichlich Strecke gemacht. Vor allem in den abgeschiedensten Winkeln unserer Erde, in den Wüsten, entdeckte ich auf meinen journalistischen Reisen das Zu-Fuß-Gehen als Lebensbereicherung. Dort, wo sich schier grenzenlose Weiten aus Sand und Stein erstrecken, hat mich Anfang der 1970er Jahre die Wanderlust gepackt – und bis heute nicht mehr losgelassen.

Nie werde ich jenen Augenblick vergessen, als ich im Süden Marokkos zum ersten Mal in die Sahara kam. Unvermittelt löste diese größte Wüste der Welt ein Gefühl des Überschwangs und der Lebenslust in mir aus. Und als ich mich zu Fuß und per Rucksack auf das Wagnis Wüste einließ, war mir sofort klar, dass ich mich immer wieder zur Rückkehr verführen lassen würde.

Mittlerweile habe ich auf über dreißig ausgedehnten Reisen – von insgesamt fünfjähriger Dauer – fünfundzwanzig Wüsten der Welt zu Fuß und mit Kamelen bereist. Wie ein Nomade folgte ich vergessenen Karawanenwegen und historischen Entdeckerrouten, die mich zu versunkenen Ruinenstädten, geheimnisvollen Felsmalereien, versteinerten Wäldern und heiligen Kultstätten führten.

Und nun der Harz.

Auf Heinrich Heines Spuren.

Ein geografisch abgesteckter Traum: von Göttingen über Osterode, Clausthal-Zellerfeld und Goslar zum 1142 Meter hohen Brocken und weiter nach Ilsenburg, Wernigerode, Elbingerode und Rübeland. Entlang der Flüsse Ilse, Bode und Selke bis zur Burg Falkenstein. Eine Strecke von 250 Kilometern.

Zu Fuß.

In einer Geschwindigkeit, in der die Seele Schritt hält.

Vier Wochen war Heinrich Heine im Jahr 1824 im Harz unterwegs, ehe er nach Göttingen, zum Ausgangspunkt seiner Reise, zurückkehrte. In jener Stadt, in der er Juristerei studierte, schrieb er nach der Rückkehr sogleich seine Eindrücke und Erlebnisse nieder, und Anfang 1826 wurde seine »Harzreise«, eine Mischung aus Versen und Prosa, (durch die Zensur leicht verändert und abgemildert) in der Berliner Zeitschrift *Der Gesellschafter* veröffentlicht. Unzufrieden mit diesem Abdruck, überarbeitete Heine den Text noch im gleichen Jahr, und diese erweiterte Fassung der »Harzreise« erschien im Mai 1826 bei seinem neuen Verleger Julius Campe in Hamburg erstmals in Buchform: im ersten Band seiner »Reisebilder«, der auch die beiden Gedichtzyklen »Die Nordsee« und »Heimkehr« enthielt.

In Göttingen machte Heine sich mit der »Harzreise« nicht nur Freunde. Als zu scharfzüngig empfand man seine neueste Publikation, in der er sich nicht nur an der Schön-

Der Anfang des Erstdrucks von Heines »Harzreise« in der Zeitschrift *Der Gesellschafter oder Blätter für Geist und Herz* (Januar 1826)

heit und Weite der Natur berauschte, sondern sich auch über die Engstirnigkeit des deutschen Spießbürgertums lustig machte.

Gleichwohl wurden Heine und seine »Reisebilder« rasch in ganz Deutschland bekannt. Vor allem, weil ihm mit der »Harzreise« etwas ganz Neues gelungen war, »ein erstaunlicher Zusammenhang von reichen, treffenden Naturbildern, feinen Beobachtungen, schalkhaften, witzigen, beißenden Scherzen, persönlichen Feindseligkeiten, weichen Gefühlen, reizenden Liedern, tollen Fratzen, unglaublichen Verwegenheiten«. So beschrieb Karl August Varnhagen von Ense, ein Freund und Förderer Heinrich Heines, seine Empfindungen, nachdem er die »Harzreise« gelesen hatte. Sie ist eine der schönsten und heitersten Reisebeschreibungen der deutschen Dichtkunst, durch sie fand Heine Eingang in die große Welt der Literatur.

Geistreich und unterhaltsam mischte der junge Heine seine stimmungsvollen Reiseerlebnisse mit kritisch-satirischen Gesellschaftsbetrachtungen, verband poetische Landschaftsbeschreibungen mit autobiografischen Rückblicken und feuilletonistischen Charakterskizzen, versteckte Kritik an politischen und sozialen Missständen in seiner literarischen Korrespondenz. Diese verschiedenartigen und immer wieder abwechselnden Erzählarten nannte Heine selbst eine *Mischung von Naturschilderung, Witz, Poesie und Waschington Irvingscher* Beobachtung.* Er fand eine unvergleichliche Erzählform, die zum Vorbild nachfolgender Schriftstellergenerationen wurde. Darüber hinaus stellt die »Harzreise« ein lebendiges Sittengemälde der Restaurationsepoche zwischen 1815 und 1830 dar und gilt als meisterhaftes Plädoyer für ein unabhängiges und natürliches Leben sowie für die Freiheit des menschlichen Geistes.

Heinrich Heine selbst empfand die »Harzreise« als *Fragment,* wobei *die bunten Fäden, die so hübsch hineingesponnen sind, um sich im Ganzen harmonisch zu verschlin-*

---

* Der amerikanische Schriftsteller Washington Irving (1783–1859) berichtete zur Zeit Heines auf humoristische Weise über seine Reisen durch das traditionelle England und andere europäische Länder.

gen, ... *plötzlich, wie von der Schere ... abgeschnitten* wurden. *Vielleicht verwebe ich sie weiter in künftigen Liedern,* formulierte er, *und was jetzt kärglich verschwiegen ist, wird alsdann vollauf gesagt.* Denn am Ende *kommt es* doch nur auf eines an, *wann und wo man etwas ausgesprochen hat, wenn man es nur überhaupt einmal ausspricht. Mögen die einzelnen Werke immerhin Fragmente bleiben, wenn sie nur in ihrer Vereinigung ein Ganzes bilden.*

Nimm nur mit,
was du tragen kannst

Noch vor Sonnenaufgang brachen Aaron und ich in Hamburg auf. An der Gartenpforte nahmen wir Abschied von meiner Frau Rita. Im Weggehen warfen wir einen letzten Blick auf die blühenden Orangenbäumchen und die Rosensträucher im Garten, die unter dem verregneten Sommer sehr gelitten hatten.

Noch ein Winken und Lachen – dann waren wir unterwegs, als einzige Fußgänger weit und breit.

In unseren Rucksäcken steckte nur das Nötigste: Schlafsack, Isomatte, Zeltplane, Wind- und Regenjacke, Pullover, Kleidung zum Wechseln, Unterwäsche, Socken, Kochgeschirr, Taschenmesser, Waschutensilien, Sonnenbrille, kleine Notapotheke, Feuerzeug, Tagebuch, ein paar Lebensmittel, eine Trinkflasche sowie eine Kamera mit Filmen. Wir wollten so unbelastet wie nur möglich sein, was gar nicht so einfach war. Denn zwei Tage zuvor hatte mich Aaron noch in sein Zimmer gerufen, wo er von all den Sachen umgeben war, die ihm für die Wanderung unentbehrlich schienen und die um ihn herum verstreut auf dem Boden lagen.

»Das ist viel zu viel«, sagte ich. »Das kannst du doch gar nicht alles tragen.«

»Dann sag mir, was ich einpacken soll«, stöhnte er.

»Pack nur ein, was du unterwegs auch brauchst«, meinte ich – und fügte hinzu: »Nimm nur mit, was du tragen kannst.«

Als ich sein Zimmer verließ, merkte ich, dass meine letzten Worte mehr waren als nur eine Aufforderung zur eingeschränkten Mitnahme von Ausrüstungsstücken. Es waren Worte, die mich schon seit Jahren begleiten und die mir gleichsam Entlastung und Unterstützung sind. Worte, denen ein Lebensgefühl innewohnt, nach dem ich mich selbst auszurichten versuche. Worte, die mir sagen: »Wirf einfach allen Ballast ab, und mach dir nicht immer so viele Sorgen. Beschränke dich auf das Wesentliche, und lade dir nur so viel auf die Schultern, wie du auch wirklich bewältigen kannst.«

Vorbei an stillen Sportplätzen, einsamen Bushaltestellen und kleinen Bars, die sich für den ersten Ansturm am Morgen rüsteten, ging es durch Hamburgs Stadtteile Lokstedt, Eppendorf und Eimsbüttel. Hier und da duftete es verführerisch nach Kaffee und frischen Backwaren, während wir in Richtung Hauptbahnhof liefen. Ganz in der Nähe hatte einst das Bankhaus von Heinrich Heines Onkel Salomon gestanden, in dem der junge Heine eine zweijährige kaufmännische Ausbildung absolvierte. Hier schrieb er seine ersten Gedichte, die 1817 erstmals im Druck erschienen, und hier verliebte er sich in seine Cousine Amalie. Es blieb eine unerfüllte Liebe, denn aus der Hamburger Millionärstochter und dem dichtenden Vetter aus Düsseldorf wurde kein Paar.

In jenen Tagen erlebte Heine die Stadt Hamburg als *Freistaat*, wo *man die größte politische Freiheit* fand. *Die Bürger können hier tun, was sie wollen,* schrieb er, *und der hoch- und wohlweise Senat kann hier ebenfalls tun, was er will; jeder ist hier freier Herr seiner Handlungen.* Hamburgs *Sitten sind englisch, und sein Essen ist himmlisch. Wahrlich, es gibt Gerichte …, wovon unsere Philosophen keine Ahnung haben. Die Hamburger sind gute Leute und essen gut. Über Religion, Politik und Wissenschaft sind ihre respektiven Meinungen sehr verschieden, aber in Betreff des Essens herrscht das schönste Einverständnis.*

Erbaut von Karl dem Großen …, der in Aachen begraben liegt, … beträgt die Bevölkerung von Hamburg gegen 100000; ich weiß es nicht genau, obgleich ich den ganzen Tag lang auf den Straßen ging um mir dort die Menschen zu betrachten. Auch habe ich gewiss manchen Mann übersehen, weil *die Frauen meine besondere Aufmerksamkeit in Anspruch nahmen. Letztere fand ich durchaus nicht mager, sondern meist sogar korpulent, mitunter reizend schön, und im Durchschnitt, von einer gewissen wohlhabenden Sinnlichkeit, die mir beileibe! nicht missfiel.*

Hamburgs Besonderheiten notierte Heine numerisch: *1) Das alte Rathaus, wo die großen Hamburger Bankiers, aus Stein gemeißelt und mit Zepter und Reichsapfel in Händen, abkonterfeit stehen. 2) Die Börse, wo sich täglich die Söhne Hammonias versammeln, wie einst die Römer auf dem Forum, und wo über ihren Häuptern eine schwarze Ehrentafel hängt mit den Namen ausgezeichneter Mitbürger. 3) Die schöne Marianne, ein außerordentlich schönes Frauenzimmer, woran der Zahn der Zeit schon seit zwanzig Jahren kaut … 4) Die ehemalige Zentralkassa. 5) Altona. 6) Die Originalmanuskripte von Marrs Tragödien. 7) Der Eigentümer des Rödingschen Kabinetts. 8) Die Börsenhalle. 9) Die Bacchushalle und endlich 10) das Stadttheater. Letzteres verdient besonders gepriesen zu werden, seine Mitglieder sind lauter gute Bürger, … die das Theater zum Gotteshaus machen, indem sie den Unglücklichen, der an der Menschheit verzweifelt, aufs wirksamste überzeugen, dass nicht alles in der Welt eitel Heuchelei und Verstellung ist.*

Nicht weit vom Hamburger Dammtor-Bahnhof – in der Dammtorstraße hatte seinerzeit Heines Mutter Betty gewohnt, nachdem die Familie Düsseldorf verlassen hatte und nach Hamburg übergesiedelt war – überquerten Aaron und ich im Eilschritt den verkehrsreichen Stephansplatz. Trotz der frühen Morgenstunde trafen wir hier auf einen breiten Autostrom. Fußgängerampeln wiesen uns den Weg. Und die erwachende Stadt wurde zum dumpfen Geräuschteppich, als wir die Colonnaden erreichten, eine geradlinige Fußgängerverbindung mit prachtvollen Säulenarkaden. Schon um das Jahr 1870 hatte hier der Städtebau den zur Hälfte überdeckten Bogengang der Colonnaden gestaltet – eine äußerst ungewöhnliche Bauweise, die sich aus dem damaligen Bemühen nach günstiger Raumausnutzung für die Etagenwohnungen erklären lässt. Die kleinen Läden, Boutiquen und Galerien sind hier durch den dunklen Säulengang allerdings oft gezwungen, ihre Schaufenster mit künstlichem Licht auszustatten.

Durch die Colonnaden gelangten wir zur Binnenalster und zum Jungfernstieg, Hamburgs Prachtstraße. Schon zu Heines Zeiten bestand der Jungfernstieg *aus einer Lindenallee …, die auf der einen Seite von einer Reihe Häuser, auf der anderen Seite von dem großen Alsterbassin begrenzt* wurde. Im eleganten »Alsterpavillon«, einem schlichten Bauwerk der Biedermeierzeit, das sich später zu einem nüchternen Gebilde aus Eisen und Beton wandelte und heute einem eher modernen Zeitgeiststil entspricht, saß Heine so *manchen Sommernachmittag und dachte, was ein junger Mensch zu denken pflegt, nämlich gar nichts, und betrachtete, was ein junger Mensch zu betrachten pflegt, nämlich die jungen Mädchen, die vorübergingen – und da flatterten sie vorüber, jene holden Wesen mit ihren geflügelten Häubchen und ihren verdeckten Körbchen, worin nichts enthalten ist – da trippelten sie dahin, die bunten Vierländerinnen, die ganz Hamburg mit Erdbeeren und eigener Milch versehen und deren Röcke noch immer viel zu lang sind ...* »*Prächtige Dirnen!*« *riefen dann zuweilen die tugendhaften Jünglinge, die neben* Heine *saßen.* Er selbst *sagte nie etwas, dachte stattdessen seine süßesten Garnichtsgedanken und betrachtete die Mädchen und den heiter sanften Himmel und den langen Petriturm mit der schlanken Taille und die stille blaue Alster, worauf die Schwäne so stolz und so lieblich und so sicher umherschwammen.*

Die Schwäne!

Stundenlang konnte Heine *sie betrachten, diese holden Geschöpfe mit ihren sanften langen Hälsen, wie sie sich üppig auf den weichen Fluten wiegten, wie sie zuweilen selig untertauchten und wieder auftauchten und übermütig plätscherten, bis der Himmel dunkelte und die goldnen Sterne hervortraten, verlangend, verheißend, wunderbar zärtlich, verklärt.*

Von der Binnenalster war es nur noch ein Katzensprung zum Hauptbahnhof. Dort nahmen wir den Zug in Richtung Süden und dösten vor uns hin, während wir aus dem Fenster die vorbeifliegende Landschaft betrachteten.

Bad Bevensen, Celle, Sarstedt, Elze, Banteln, Freden, Kreiensen und Salzderhelden. Dann erreichten wir Göttingen, wo Heinrich Heine mehrere Jahre studiert hatte und wo er im Herbst 1824 zu Fuß aufbrach, um durch den Harz zu wandern.

Kaum hatten wir den Zug verlassen und die Rucksäcke geschultert, bestürmten mich auch schon alle möglichen Fragen: Wie sah wohl Heines Alltag in Göttingen aus? Worüber hatte er mit seinen Kommilitonen gesprochen? Was hatte ihn berührt? Was gefreut? Was geärgert? – Mir war sofort klar, dass ich mich dem jungen Heine nur annähern konnte, wenn ich seine Texte und Erinnerungen mit der Wirklichkeit verband. Mehr als eine Annäherung war aber nicht möglich. Schließlich kannte ich Heine nur aus seiner Prosa, aus seinen Briefen und Gedichten. Seine Texte waren meine Orientierung zur Spurensuche, um seinem Weg durch den Harz zu folgen. Und dann gab es noch einige zeitgenössische Bildnisse, die die Aufzeichnungen und Schilderungen Heinrich Heines belebten. Mehr aber nicht.

Keinesfalls wollte ich eine Rangliste von Übereinstimmungen und Unterschieden aufstellen nach dem Motto: Hier oder dort war es noch genauso wie damals. Stattdessen würde ich andere Dinge sehen, anderes erleben, würde Mitgeteiltes und überlieferte Erinnerungen in einen Zusammenhang bringen, den ich mir beim Unterwegssein selbst schaffen wollte, und dabei das »Gestern« neben das »Heute« stellen.

Vielleicht würden sich dabei Ähnlichkeiten in der Betrachtungsweise von Natur oder Städten ergeben, vielleicht auch Annäherungen in der Geisteshaltung. Doch Heines Gedanken konnte ich nicht nachdenken. Auch kannte ich weder seinen Atem noch seine Stimme. Und: Wie sollte ich wissen, was ein Mensch fühlte, der im Dezember 1797 geboren wurde? Unmöglich, in eine erloschene Vergangenheit vorzudringen. Allenfalls konnte ich Erlebtes und Erfahrenes nachempfinden.

So starteten wir zu einer neuen Reise – auf einem alten Weg.

Göttingen
im Regen

Auf dem Vorplatz des Göttinger Bahnhofs, wo windbe-
wegte Palmen in großen Kübeln eine seltsam mediterrane
Stimmung vermittelten, standen wir sofort im Regen.
Gleichmäßig heftig fiel er aus schwarz-grauem Gewölk
und verteilte sich auf den glatten Steinplatten der Bürgersteige, die mit ganzen Rudeln braun-schwarzer Nackt-
schnecken bedeckt waren.

Das war kein gutes Wetter zum Wandern: zu kalt, zu
nass, zu windig. Dennoch schlenderten wir durch die Straßen Göttingens, und ich versuchte mir dabei vorzustellen,
wie der Studiosus Heine einst das Gleiche getan hatte. Dass
mir das recht gut gelang, lag sicherlich auch an dem pitto-
resken, verwinkelten Erscheinungsbild der Göttinger Altstadt, obwohl sich hier in den 180 Jahren, die seitdem ver-
gangen waren, natürlich vieles verändert hatte: Menschen,
Gassen, Wohnblocks. Selbst die Grundgeräusche der Stadt
waren nicht mehr die gleichen. Während Heine die Welt
noch recht leise hörte, war heute alles lauter und aufdring-
licher.

Als der Regen immer stärker wurde, wischte sich Aaron
die Nässe aus dem Gesicht und meinte: »Wir sollten uns ein
Lokal suchen und dort abwarten, bis der Regen nachlässt.«

Gesagt, getan.

Nur wenig später betraten wir eine gemütliche Gaststube mit rustikalen Holzverkleidungen und rot-weißen
Tischdecken. Es herrschte gedämpftes Licht und roch nach
abgestandenem Rauch. An den Wänden hingen traditions-

selige Schützenwappen, kinderstubenkitschige Figuren und Wandteller mit altdeutschen Sinnsprüchen. Trotz der nachmittäglichen Stunde zog die Leute offensichtlich eher der Thekenbetrieb an als die Speisekarte.

An einem Fenstertisch nahmen wir Platz und bestellten Schnitzel mit Bratkartoffeln, dazu Mineralwasser und Apfelsaft.

Während wir auf das Essen warteten und Aaron mit den Kopfhörern seines MP3-Players den Klängen der deutschen Rockgruppe »Revolverheld« lauschte, blätterte ich in einer Tageszeitung, was in diesem Sommer 2007 alles andere als ein Genuss war: Sintflutartige Regengüsse sorgten in Großbritannien für Chaos. Hubschrauber retteten mehr als hundert Menschen von den Dächern ihrer überschwemmten Häuser. Auch in Bayern setzten extreme Sturzregen Straßen und Häuser unter Wasser. Das Technische Hilfswerk musste Boote einsetzen, um vom Wasser eingeschlossene Menschen zu erreichen. In Italien dagegen durften die Züge – bedingt durch die große Hitze – höchstens Tempo 100 fahren, denn bei Temperaturen um die 40 Grad drohten die Gleise zu verbiegen. In Afghanistan herrschten Angst und Terror: Einer von zwei entführten Deutschen war gestorben, und auch das Drama um die gekidnappten Südkoreaner war noch nicht beendet. Zudem erschossen israelische Soldaten mehrere Hamas-Kämpfer. Die Vereinten Nationen ermittelten gegen Hunderte in der Elfenbeinküste stationierte marokkanische UN-Soldaten wegen des Vorwurfs sexueller Übergriffe. Die religiöse AKP triumphierte bei der Parlamentswahl in der Türkei. Und die Reaktionen der britischen Presse auf den siebten und letzten Harry-Potter-Band waren überwiegend freundlich. Die *Times* nannte es ein »Muss«, den Roman zu lesen, manche Passagen seien allerdings »selbst für Potter-

Junkies etwas einschläfernd«. Zudem siegte Fernando Alonso im Regenchaos auf dem Nürburgring, während im Hamburger Tennisstadion am Rothenbaum rund zehntausend Besucher den Worten des Dalai Lama zum Thema »Frieden lernen« lauschten.

Als unser Essen und die Getränke kamen, ließ ich meine Zeitung Zeitung sein. Wir griffen zu den Gläsern und prosteten einander zu, wobei Aaron verschmitzt lachte und mir zuzwinkerte: »Auf unseren Marsch!«

»Und gutes Wetter!«, fügte ich hinzu.

Dann hielten wir die nachklingenden Gläser so lange in die Höhe, bis nur noch das Stimmengewirr in der Gaststube zu hören war – und das Rauschen des Regens.

Nachdenken
über Heinrich Heine

Wie eine schwere Decke lag der finstere Himmel über Göttingen, fast tintenschwarz. Vom Wind gejagte Wolken zogen über die Stadt, und der Regen wollte einfach kein Ende nehmen. Es tropfte aus allen Dachrinnen und Blumenkästen. Wir hörten heftiges Plätschern und das Zischen des Verkehrs, sahen zerfließende Pfützen und hastende Menschen unter bunten Schirmen, die von Böen gedrückt und geschoben wurden, je nach Richtung und Laune. Bunte Regenmäntel flatterten auf Fahrrädern, während an den Fenstern unserer Gaststube nasse Spiegelungen glänzten.

Angesichts dieses heftigen Dauerregens mochten wir keinen Schritt vor die Tür setzen. Im Nu wären wir klatschnass gewesen. Also warteten wir – und hofften auf blauen Himmel. Genügend Zeit für einige Gedanken über Heinrich Heine.

Er war gelernter Kaufmann, promovierter Jurist, Dichtermensch, kritischer Zeitschriftsteller, Querdenker, Suchender, Provokateur, Ruhestörer, Rebell. Ein Abenteurer sinnlicher Welterfahrung, der in einem zersplitterten Deutschland aus 36 Kleinstaaten aufwuchs. Einer, der in vordemokratischen Zeiten auf Individualität bedacht war. Ein Spötter mit nie versiegender Ironie, der mit Angriffslust seine Gegner herausforderte, oft zwischen allen Stühlen saß und mit Scharfsinn gegen die macht- und rechthabenden Biedermänner anschrieb.

Die Nachwehen der Französischen Revolution erlebte Heinrich Heine in seiner Jugend. Napoleon Bonaparte be-

Der junge Heine. Elfenbein-
miniatur von Colla (ca. 1825)

wunderte er als genialen Geschäftsführer des »Weltgeistes«,
während seine Weltanschauung von antifeudalem Selbst-
bewusstsein geprägt war: *Was wir gestern bewundert, has-*
sen wir heute, und morgen vielleicht verspotten wir es mit
Gleichgültigkeit. Sich selbst sah er als *Sohn der Revolution,*
womit er vor allem den Widerstand gegen die Unterdrü-
ckung verband. Das Recht auf Liberalität, auf Eigentum
und Sicherheit war ihm ebenso wichtig wie das Recht auf
Meinungs- und Religionsfreiheit.

Hineingeboren in eine Zeit politischer und sozialer Miss-
stände, war Heines Verhältnis zu Deutschland von einem
Wechselbad der Gefühle geprägt. Hin und her gerissen zwischen Erwartungen und Enttäuschungen, liebte er *Deutsch-*
land und die Deutschen; aber er liebte *nicht minder die*
Bewohner des übrigen Teils der Erde. Denn: *Jedes Volk hat*
seinen Nationalfehler, und wir Deutschen haben den unsri-
gen, nämlich jene berühmte Langsamkeit; wir wissen es sehr
gut, wir haben Blei in den Stiefeln, sogar in den Pantoffeln.

Gar wunderlich erschienen ihm *die Menschen! Im Va-*
terland brummen wir, jede Dummheit, jede Verkehrtheit
dort verdrießt uns, wie Knaben möchten wir täglich davon

laufen in die weite Welt; sind wir endlich wirklich in die weite Welt gekommen, so ist uns diese wieder zu weit, und heimlich sehnen wir uns oft wieder nach den engen Dumm-heiten und Verkehrtheiten der Heimat, und wir möchten dort in der alten, wohlbekannten Stube sitzen, ... und warm drin hocken ... und uns wohlfühlen.

Als Jude erlebte er bereits in jungen Jahren, was es heißt, ein Außenseiter zu sein. Nicht selten war er wegen seiner Herkunft Zielscheibe von Hohn und Spott. Mal war es sein rötliches Haar, das den Anlass dazu lieferte, mal sein wenig gebräuchlicher Vorname »Harry«. Diesen Namen erhielt er von seinem Vater, Samson Heine, dem er viel Liebe entge-genbrachte und über den er in seinen Lebenserinnerungen schrieb: *Eines Morgens umarmte er mich mit ganz unge-wöhnlicher Zärtlichkeit und sagte: »Ich habe diese Nacht etwas Schönes von dir geträumt und bin sehr zufrieden mit dir, mein lieber Harry.« Während er diese naiven Worte sprach, zog ein Lächeln um seine Lippen, welches zu sagen schien: mag der Harry sich noch so unartig in der Wirklich-keit aufführen, ich werde dennoch, um ihn ungetrübt zu lie-ben, immer etwas Schönes von ihm träumen.*

Gleichwohl widerfuhr Heine aufgrund seines Vorna-mens viel Verdruss, denn *in seiner Vaterstadt* Düsseldorf lebte *ein Mann*, der als »*Dreckmichel*« bekannt war und der *jeden Morgen mit einem* Eselskarren *die Straßen der Stadt durchzog und vor jedem Hause stillhielt, um den Kehricht, welchen die Mädchen in zierlichen Haufen zusammenge-kehrt, aufzuladen und aus der Stadt nach dem Mistfelde zu transportieren. Der Mann sah aus wie sein Gewerbe, und der Esel, welcher seinerseits wie sein Herr aussah, hielt still vor den Häusern oder setzte sich in Trab, je nachdem die Modulation war, womit der Michel ihm das Wort »Haarüh!« zurief.*

War solches sein wirklicher Name oder nur ein Stich-
wort? Ich weiß nicht, doch so viel ist gewiss, dass ich durch
die Ähnlichkeit jenes Wortes mit meinem Namen Harry au-
ßerordentlich viel Leid von Schulkameraden und Nach-
barskindern auszustehen hatte. Um mich zu nergeln, spra-
chen sie ihn ganz so aus, wie der Drecksmichel seinen Esel
rief ... Als ich mich bei meiner Mutter darüber beklagte,
meinte sie, ich solle nur suchen, viel zu lernen und gescheit
zu werden, und man werde mich dann nie mit einem Esel
verwechseln.

Im Juni 1825 änderte er seinen Vornamen schließlich von
»Harry« zu »Christian Johann Heinrich«. Diese Namens-
änderung erfolgte bei seiner Taufe, als er in Heiligenstadt
bei Göttingen zum Christentum übertrat. Bis zuletzt hatte
er das Für und Wider dieser schwierigen Entscheidung ab-
gewogen, zu der er sich schließlich nur deswegen durch-
rang, weil er nur so eine Chance hatte, als promovierter Jurist in »Amt und Würden« zu kommen.

Als freischaffender Literat erkannte Heine schon sehr
bald, dass nichts *törichter* war *als die Frage, welcher Dichter größer sei als der andere. Flamme ist Flamme, und ihr
Gewicht lässt sich nicht bestimmen nach Pfund und Unze.
Nur platter Krämersinn kommt mit seiner schäbigen Käse-
waage und will den Genius wiegen.* Mehr noch. *So lange
mein Herz voll Liebe und der Kopf meiner Nebenmenschen
voll Narrheit ist, wird es mir nie an Stoff zum Schreiben
fehlen.*

War Heines Hochmut gekränkt, so liebte er es, zu scho-
ckieren. Mit bissiger und frivoler Frechheit unterlegte er
dann seine Spottverse. Meist kamen seine Texte ganz be-
scheiden und scheinbar kleinlaut daher, ehe der Stachel
der Schreibfeder dem Leser durch Mark und Bein ging
wie etwa in dieser kleinen, zu Lebzeiten unveröffentlichten

Notiz aus seinem Nachlass: *Wünsche: Bescheidene Hütte, Strohdach, aber gutes Bett, gutes Essen, Milch und Butter sehr frisch, vor dem Fenster Blumen, vor der Tür einige schöne Bäume, und wenn der liebe Gott mich ganz glücklich machen will, lässt er mich die Freude erleben, daß an diesen Bäumen etwa sechs bis sieben meiner Feinde aufgehängt werden. – Mit gerührtem Herzen werde ich ihnen vor ihrem Tode alle Unbill verzeihen, die sie mir im Leben zugefügt – ja, man muss seinen Feinden verzeihen, aber nicht früher, als bis sie gehenkt worden.*

Die Grundlage der Fabulierkunst Heines war sein bürgerlicher Revolutionsgeist, in einer Zeit, in der der Staatsapparat in Deutschland auf Polizeikontrollen und Maulkorb setzte. Von Heines oppositioneller Sicht rühren auch seine moralische Skepsis und seine Ironie her. Er wollte nicht die Kleinheit der kleinen Leute lächerlich machen und sich über die mangelnde Größe der Großen mokieren. Das Schreiben war häufig eine Reflexbewegung des Widerstandes. Und sein Witz war in einem Gerechtigkeitssinn verwurzelt, der dem Geist der Französischen Revolution entsprach. Die Freiheit Europas war seine Vision – und die *Emanzipation der ganzen Welt* sein freigeistiges Bekenntnis.

So galt Heinrich Heine zeit seines Lebens als ein Rebell, als einer, der das Verdrängte im Alltag erkannte und dem das Selbstverständliche als das eigentlich Unverständliche erschien. Darum sind seine Texte oft auch Psychogramme seiner eigenen Person: *Nicht bloß das Tun, nicht bloß die Tatsache der hinterlassenen Leistung gibt uns ein Recht auf ehrende Anerkennung nach dem Tode, sondern auch das Streben selbst, und gar besonders das unglückliche Streben, das gescheiterte, furchtlose aber großmütige Wollen.* Und weiter räsonierte er: *Alle Menschen, die kein Herz haben, sind dumm. Denn die Gedanken kommen nicht aus dem Kopfe, sondern aus dem Herzen.*

Seine Themen ging er immer *mit letzter Entschlossenheit* und großer *Loyalität* an. Als seine Gegner empfand er vor allem die *heldenmütigen Lakaien in schwarz-rot-goldner Livree.* Er verachtete die *Pharisäer der Nationalität, die ... mit den Antipathien der Regierungen Hand in Hand gehen* und die *die volle Liebe und Hochachtung der Zensur genießen und in der Tagespresse den Ton angeben können, wo es gilt, jene Gegner zu befehden, die auch zugleich die Gegner ihrer allerhöchsten Herrschaften sind.*

Gleichwohl stritten zwei Seelen in ihm: Einerseits war Heine ein sinnenfroher Lebemensch und Schwärmer, der gern am gesellschaftlichen und kulturellen Leben teilnahm. In Berlin und Hamburg verbrachte er zuweilen ganze Tage und Nächte in Cafés, genoss das bunte Treiben auf den Straßen und war häufig Gast in literarisch-musikalischen Salons. Denn: *Kunst ist der Zweck der Kunst, wie Liebe der Zweck der Liebe, und gar das Leben selbst der Zweck des Lebens ist.*

Andererseits war er ein streitbarer Verfechter der Aufklärung und schien sein Leben für eine Idee hingeben zu können, vor allem für die Idee der Menschenverbrüderung, der Freiheit und der Gleichheit. Ohne Unterlass engagierte er sich schon als Student gegen die geistige Erstarrung der Akademiker, parodierte immer wieder den Absolutheitsanspruch der Wissenschaft und kämpfte gegen die festgefahrene Gedankenwelt des Spießbürgertums.

1831 kehrte er Deutschland den Rücken und ging nach Paris. Dort, in der damals zweitgrößten Stadt der Welt, fand er jene Antriebskräfte, die er für einen gesellschaftlichen Wandel so sehr herbeisehnte. Seine zeitkritischen publizistischen Arbeiten in Frankreich machten ihn zum namhaften Vertreter der literarischen Avantgarde, wobei er sich als *Schriftsteller des heutigen jungen Deutschland* sah und zu denen zählte, *die ... keinen Unterschied machen wollen zwischen Leben und Schreiben, die nimmermehr die Politik trennen von Wissenschaft, Kunst und Religion, und die zu gleicher Zeit Künstler, Tribune und Apostel sind.*

In enger Nachbarschaft mit Künstlern und Schriftstellern wie Frédéric Chopin, Georg Sand, Franz Liszt, Eugène Delacroix und Théophile Gautier wohnte Heine ein Vierteljahrhundert lang in Paris, wo er nicht nur literarische Prosa verfasste, sondern sich auch als politischer Publizist betätigte, der sich der beiderseitigen Aufklärung der vermeintlichen »Erbfeinde« Deutschland und Frankreich annahm. *Alles was er über Frankreich schrieb, ob in deutschen Journalen oder in besondern Büchern, hatte* für Heine *nur einen Zweck, nemlich gewissen perfiden Berichterstattern entgegenzuwirken die, bezahlt von den Feinden des französischen Volks,* den *Deutschen alles was sich* in Frankreich ereignete, *... im gehässigsten Lichte zeigen* wollten.

Heines kritische Schriften sorgten in jenen Tagen jenseits des Rheins für ebenso große Empörung wie Zustimmung – je nach politischem und ästhetischem Standpunkt der Leser – und führten am Ende zu dem berüchtigten Bundestagsbeschluss gegen das »Junge Deutschland« vom Dezember 1835, der bis dahin drastischsten Zensurmaßnahme in der neueren deutschen Literaturgeschichte: Die Bücher Heines und anderer liberal gesinnter Autoren wurden im gesamten Gebiet des Deutschen Bundes verboten.

Manche Kritiker in Deutschland schimpften ihn gar einen *Verächter des Vaterlands*, der den Franzosen *den freien Rhein abtreten* wollte. Diesen vorgeblich patriotischen Lästerzungen trat Heine vehement entgegen: *Beruhigt euch. Ich werde eure Farben achten und ehren, wenn sie es verdienen, wenn sie nicht mehr eine müßige oder knechtische Spielerei sind. Pflanzt die schwarz-rot-goldene Fahne auf die Höhe des deutschen Gedankens, macht sie zur Standarte des freien Menschtums, und ich will mein bestes Herzblut für sie hingeben. Beruhigt euch, ich liebe das Vaterland ebenso sehr wie ihr. Wegen dieser Liebe habe ich dreizehn Lebensjahre im Exil verlebt, und wegen eben dieser Liebe kehre ich wieder zurück ins Exil, vielleicht für immer, jedenfalls ohne zu flennen oder eine schiefmäulige Duldergrimasse zu schneiden. Ich bin der Freund der Franzosen, wie ich der Freund aller Menschen bin, wenn sie vernünftig und gut sind, und weil ich selber nicht so dumm oder so schlecht bin, als dass ich wünschen sollte, dass meine Deutschen und die Franzosen, die beiden auserwählten Völker der Humanität, sich die Hälse brächen zum Besten von England und Russland und zur Schadenfreude aller Junker und Pfaffen dieses Erdballs. Seid ruhig, ich werde den Rhein nimmermehr den Franzosen abtreten, schon aus dem ganz einfachen Grunde: weil mir der Rhein gehört. Ja, mir gehört er, durch unveräußerliches Geburtsrecht, ich bin des freien Rheins noch weit freierer Sohn, an seinem Ufer stand meine Wiege, und ich sehe gar nicht ein, warum der Rhein irgend einem Anderen gehören soll als den Landeskindern.*

Als dem preußischen Innenministerium die Verhöhnungen in Heines politischer Lyrik schließlich zu viel wurden, erließ es im April 1844 gegen ihn und weitere Mitarbeiter der in Paris erscheinenden radikalen »Deutsch-Französischen Jahrbücher« einen Grenzhaftbefehl, der in einem Rundschreiben an alle Oberpräsidenten der preußischen Provinzen ging. »Unter Beschlagnahme ihrer Papiere« sollten die Genannten »mit sorgfältiger Vermeidung allen Aufsehens verhaftet« und »unter sicherer Begleitung nach Berlin« gebracht werden. Die Anklage berief sich auf »versuchten Hochverrat und Majestätsverbrechen«. So wurde aus Heines freiwilligem Exil ein unfreiwilliges.

Von der preußischen Ministerialbürokratie steckbrieflich gesucht, wagte sich Heine nur noch zweimal nach Deutschland. Seine letzte Reise führte ihn im Juli 1844 in Begleitung seiner Frau Mathilde per Dampfschiff von Le Havre nach Hamburg. Dort wollte er vor allem den Druck seiner »Neuen Gedichte« und des Versepos »Deutschland. Ein Wintermärchen« kontrollieren und mit seinem Verleger Julius Campe einen Vertrag über eine Gesamtausgabe seiner Werke abschließen. Anschließend kehrte er über Amsterdam und Den Haag nach Frankreich zurück, wo er vor der Ausweisung nach Deutschland sicher war, denn dort genoss er ein permanentes Aufenthaltsrecht, da seine Heimatstadt Düsseldorf einst unter französischer Verwaltung gestanden hatte.

Am 17. Februar 1856 starb Heinrich Heine nach schwerer Krankheit und fast achtjährigem Leiden in seiner sprichwörtlich gewordenen *Matratzengruft zu Paris*. Etwa hundert Menschen gaben ihm am 20. Februar das letzte Geleit, unter ihnen berühmte Pariser Zeitgenossen wie Alexandre Dumas und Théophile Gautier. Es war ein kalter und nebliger Morgen, als Heines Leichnam auf dem Pariser Friedhof Montmartre beerdigt wurde – so, wie er es in seinem Testament von 1851 gewünscht hatte: *Ich verordne, dass mein Leichenbegängnis so einfach sei und so wenig kostspielig, wie das des geringsten Mannes im Volke. Sterbe ich in Paris, so will ich auf dem Kirchhofe des Montmartre begraben werden, auf keinem andern, denn unter der Bevölkerung des Faubourg Montmartre habe ich mein liebstes Leben gelebt.*

Auf die Berge
will ich steigen ...

Endlich hörte der Regen auf, und die schwarz-grauen Wolkenbänke über Göttingen rissen auseinander, vom Wind bewegt. Die Luft war schwülwarm und wirkte wie aufgeladen, als wir mit unseren Rucksäcken den Gasthof in der Nähe des Bahnhofs verließen und uns auf die Route von Heinrich Heine begaben.

Durch die Groner Straße spazierten wir zum Kornmarkt, folgten aneinandergereihten Häuserzeilen mit romantischem Fachwerk, während hoch darüber erste Sonnenstrahlen durchs Gewölk blinzelten.

Kurz darauf trafen wir vor dem Alten Rathaus am Marktbrunnen die Gänseliesel: ein bronzenes Mädchen, das eine Gans in ihrer rechten Hand hält. Seit 1901 gilt diese Jugendstilfigur als Göttinger Wahrzeichen. Noch heute ist es Brauch, dass jeder frischgebackene Doktor nach bestandener Prüfung die Gänseliesel auf die Wange küsst. So wurde diese bronzene Schöne zum »meistgeküssten Mädchen der Welt«.

Als der junge Heine in den Herbst-Semesterferien 1824 Göttingen verließ und in den Harz aufbrach, war es *noch sehr früh.* Damals war Göttingen *berühmt* für seine *Würste und* seine *Universität* – mit *diversen Kirchen, eine(r) Entbindungsanstalt, eine(r) Sternwarte, eine(m) Karzer, eine(r) Bibliothek und eine(m) Ratskeller, wo das Bier sehr gut* war. *Der vorbeifließende Bach heißt »die Leine« und dient des Sommers zum Baden ... Die Stadt selbst,* schrieb Heine, *ist schön und gefällt einem am besten, wenn man sie mit dem Rücken ansieht.*

Göttingens Einwohner teilte Heine in *vier Stände …* *Studenten, Professoren, Philister und Vieh … Der Vieh-stand ist der bedeutendste.* Vor allem die *Göttinger Philister* verhöhnte er, deren *Zahl … sehr groß* war, *wie Sand, oder besser gesagt, wie Kot am Meer; wahrlich, wenn ich sie des Morgens, mit ihren schmutzigen Gesichtern und weißen Rechnungen, vor den Pforten des akademischen Gerichtes aufgepflanzt sah, so mochte ich kaum begreifen, wie Gott nur soviel Lumpenpack erschaffen konnte.* Den *Unmut(,) den* Heine *gegen Göttingen im allgemeinen* hegte, war eigentlich *noch größer …, als* er *ihn ausgesprochen* hatte, *doch lange nicht so groß … wie die Verehrung, die er für einige* Personen empfand. Mit Namen nannte er hier seinen Förderer, den liberalen Historiker Georg Sartorius, den *gro-ßen Geschichtsforscher und Menschen, dessen Auge ein kla-rer Stern ist in unserer dunklen Zeit, und dessen gastliches Herz offen steht für alle fremden Leiden und Freuden …*

Noch heute erinnert die Altstadt Göttingens an eine mittelalterliche Kaufmannsstadt, wenngleich der histo-rische Stadtkern durchaus kein museales Ensemble ho-mogener Fachwerkhäuser ist. Im Gegenteil: Jede Epoche hat hier Spuren hinterlassen. Selbst das Alte Rathaus, das man zwischen dem 13. und 15. Jahrhundert errichtet hatte, wurde anschließend noch mehrfach umgebaut. Ge-nutzt wurde es übrigens nicht nur als Rathaus, sondern auch als Gildehaus der Kaufleute, die im Erdgeschoss vor allem mit dem berühmt gewordenen »Göttinger Tuch« Handel trieben, das bis nach Flandern und Russland ver-kauft wurde.

Auch Heinrich Heine notierte in der »Harzreise«, dass Göttingen *schon sehr lange stehen* müsste, *denn … als ich vor fünf Jahren dort immatrikuliert und bald darauf kon-siliiert wurde, hatte sie schon dasselbe graue, altkluge An-*

sehen und war schon vollständig eingerichtet mit Schnurren,
Pudeln, Dissertationen, Teedansants, Wäscherinnen, Kom-
pendien, Taubenbraten, Guelfenorden, Promotionskutschen,
Pfeifenköpfen, Hofräten, Justizräten, Relegationsräten, Pro-
faxen und anderen Faxen. Einige behaupten sogar, die Stadt
sei zur Zeit der Völkerwanderung erbaut worden, jeder
deutsche Stamm habe damals ein ungebundenes Exemplar
seiner Mitglieder darin zurückgelassen, und davon stamm-
ten all die Vandalen, Friesen, Schwaben, Teutonen, Sachsen,
Thüringer usw., die noch heutzutage in Göttingen, horden-
weise und geschieden durch Farben der Mützen und Pfei-
fenquäste, über die Weenderstraße einherziehen ...

Auf der Weender Straße, wo einst das Knirschen und
Rasseln trabender Pferdegespanne zu hören war, floss ein
breiter Autostrom an unserer Seite. Lichtes Blau überzog
nun den Himmel, vor dem sich leuchtend ein Regenbogen
wölbte, während wir zur Jacobi-Kirche kamen, einem
Meisterwerk der Gotik, als deren kostbarster Schatz ein
Doppelflügelaltar gilt, der 1402 von einem unbekannten
Meister geschaffen wurde.

Hinter dem alten Stadtwall und dem Botanischen Garten
lag die Universität, das »Geisteswissenschaftliche Zentrum«
Göttingens, wie ich auf einem Schild las. Hier bestand
Heine das juristische Examen und die Promotionsprüfung
zum Doktor der Rechte. Damals schon herrschte an der
Uni *ein beständiges Kommen und Abgehen, alle drei Jahre*
findet man dort eine neue Studentengeneration, das ist ein
ewiger Menschenstrom, wo eine Semesterwelle die andere
fortdrängt, und nur die alten Professoren bleiben stehen in
dieser allgemeinen Bewegung, unerschütterlich fest, gleich
den Pyramiden Ägyptens – nur dass in diesen Universitäts-
pyramiden keine Weisheit verborgen ist.

An der Güterbahnhofstraße wurden wir durch eine rote

Fußgängerampel gestoppt. Neben uns wartete ein älterer Mann mit grauem Regenmantel und Hut. Kein distanzierter Blick eines Fremden traf uns, stattdessen schauten wir in ein rundes Gesicht mit lächelnden braunen Augen. Neugierig nahm er unsere Rucksäcke ins Visier.

»Das ist ja nicht gerade leichtes Gepäck, was ihr da auf dem Rücken schleppt. Sieht aus, als hättet ihr mehr als nur 'ne Zahnbürste dabei«, sagte er und zog an seiner Pfeife.

»In jedem Rucksack stecken ungefähr siebzehn Kilo«, gab Aaron freundlich zurück.

»So 'n Kleiderschrank auf'm Buckel wäre nichts für mich!«, sagte der Pfeifenraucher.

»Das geht schon«, meinte ich.

»Hier in der Stadt seid ihr aber irgendwie verkehrt. Wohin soll's denn gehen?«

»Wir wandern durch den Harz«, erklärte ich. »Über den Brocken und ins Selketal bis zur Burg Falkenstein.«

»Alles zu Fuß?«

»Na klar!«, lachte Aaron.

»Ihr seid ja verrückt. Das macht doch keinen Spaß!«

»Uns schon. Wir folgen dem Weg von Heinrich Heine.«

»Heine?«

»Ja, Heine. Der deutsche Dichter. Vor vielen Jahren ist er hier durch den Harz gewandert.«

»Das ist aber schon 'ne ganze Weile her, oder?«

»Ja, mehr als hundertachtzig Jahre«, wusste Aaron.

Dann sprang die Ampel auf Grün, und im Weitergehen hörten wir noch die Worte: »Viel Glück – und gutes Wetter!«

Gutes Wetter konnten wir wahrlich gebrauchen. Denn vor Dauerregen in Wald und Flur graute uns.

»Das wird schon!«, sagte Aaron aufbauend, offenbar

wusste er meinen skeptischen Blick zum Himmel zu deuten.

Dann machte die Hoffnung uns Beine. Und während wir unseren Schrittrhythmus suchten, wobei jeder sein eigenes Tempo ging – nur so konnten wir miteinander wandern –, erschien vor meinem geistigen Auge die Wetterkarte der Tageszeitung, die ich in der Gaststube unweit des Göttinger Bahnhofs gelesen hatte: Für das Norddeutsche Flachland hatte man leichten Regen vorausgesagt, spätestens zum Mittag konnte es auflockern. Im mittleren und südlicheren Deutschland sollte tagsüber die Sonne scheinen. Im Nordwesten bestand gegen Abend die Möglichkeit vereinzelter Schauer. Im Norden konnte lebhafter, in freien Lagen anfangs stürmischer Westwind wehen. Die Temperaturen wurden auf 19 bis 25 Grad geschätzt.

Was sollte uns also groß passieren?

Im Dunst der Abgase zogen wir mit dem fließenden Verkehr, der sich lärmend aus der Stadt schob, in Richtung Norden. Langsam dünnte die Stadt aus. Die Häuser wurden kleiner, und die Abstände zwischen ihnen wurden größer. Es ging vorbei am Gewerbegebiet Lutteranger, am Freibad Weende und dem Friedhof Junkerberg.

Auf der alten Chaussee in Richtung Northeim war Heinrich Heine *frisch und freudig zumute. Eine solche Erquickung tat* ihm auch *not.* Denn seit Monaten fühlte er sich vom *Muff* des Universitätsbetriebs *wie eingeklemmt zwischen den eisernen Paragraphen selbstsüchtiger Rechtssysteme, beständig klang es* ihm *noch in den Ohren wie »Tribonian, Justinian, Hermogenian und Dummerjahn«* ... Es war, als würde ihm ein starres Korsett die Luft abdrücken. Er hatte genug von der biedermeierlichen Enge und der verhassten Juristerei, die er nur der Familie zuliebe zu studieren begonnen hatte. Auch wollte er etwas für seine angeschlagene Gesundheit tun, denn oft litt er unter starker Migräne.

Zudem zog es damals viele Studenten während der Semesterferien hinaus ins Freie, wo man von zu viel pedantischer Geistigkeit und städtischem Zivilisationswesen Entspannung und Erholung suchte. Eine Wanderung durch die Natur des Harzes erschien Heine da gerade recht.

So kam es, dass Heine beschloss, dem *gelehrten Kuhstall* Göttingen für mehrere Wochen zu entfliehen. Er wollte die Normalität des spießbürgerlichen Stadtlebens hinter sich lassen und durch einen zeitlich begrenzten Ausnahmezustand des Unterwegsseins ersetzen. Mit grenzenlosem Enthusiasmus löste er die straffen Zügel seiner Sehnsucht und wanderte einfach los, hinauf in die Berge, zu Tannen, Bächen, Vögeln und Wolken – ausgerüstet mit einem Ranzen und einem speziellen Reisehandbuch: Gottschalcks »Taschenbuch für Reisende in den Harz« (2. Auflage 1817), dem Standardwerk für alle Harzwanderer jener Zeit.

Hinter Bovenden klebten uns die Rucksäcke auf dem Rücken. Die Hemden waren vom Schweiß durchnässt, obwohl wir erst wenige Kilometer hinter uns gebracht hatten. Wir folgten der Hannoverschen Straße, wo Heine *Milchmädchen* und *Eseltreiber mit ihren grauen Zöglingen* getroffen hatte. *Dann und wann rollte auch ein Einspänner vorüber, wohlbepackt mit Studenten, die für die Ferienzeit oder auch für immer* aus Göttingen *wegreisten.* Der Lärm der Autos machte mich richtig wütend. Wie Geschosse jagten die Fahrzeuge an uns vorbei. Manchmal passte nur eine Postkarte zwischen uns und den Wagen. Ihre Druckwellen waren so heftig, dass wir um unser Gleichgewicht fürchteten, während wir hinter den Windschutzscheiben meist angespannte Gesichter mit starrem Blick sahen. Niemals ein

Friedrich Gottschalck, Taschenbuch für Reisende in den Harz.
Titelei der dritten Auflage, Magdeburg 1823. Heine besaß die
zweite Auflage (1817) dieses verbreiteten Wanderführers. Er
nahm sie auf seine Reise mit und zitierte in seiner »Harzreise«
mehrfach daraus.

Lächeln – und vor allem kein Verständnis für ein paar Fußgänger.

Dann, endlich, verebbte das monotone Rauschen der
Blechkarossen. Ringsum erstreckten sich weite Felder,
die im warmen Abendlicht lagen. Ein einsamer Baum im
Kornfeld, knallrote Mohnblumen und blaue Disteln boten
Blickpunkte, Fixpunkte, an denen sich die Augen festhalten
konnten.

Unsere gleichmäßigen Schritte klangen fast beruhigend,
während mir die ersten Zeilen von Heinrich Heines »Harzreise« in den Sinn kamen, Verse, mit denen der damals

sechsundzwanzigjährige Student und Dichter gleich zu Beginn seiner Wanderung den Weg wies:

Auf die Berge will ich steigen,
Wo die frommen Hütten stehen,
Wo die Brust sich frei erschließet,
Und die freien Lüfte wehen.

Auf die Berge will ich steigen,
Wo die dunklen Tannen ragen,
Bäche rauschen, Vögel singen,
Und die stolzen Wolken jagen.

Heinrich Heine
in Afrika

Wenn ich es mir so recht überlege, dann war die Harzwanderung auch wieder eine von diesen Sachen, die in Afrika angefangen hatten. Vor vielen Jahren, gegen Ende der siebziger Jahre. Damals war ich für eine Reportage in den Süden der Sahara gereist, nach Mali, wo der Niger – Afrikas drittlängster Strom – in einem weiten Bogen durch die größte Wüste der Welt fließt, die die arabischen Karawanenführer seit jeher »Bahr-bela-ma« nennen, »Meer ohne Wasser«.

Von Bamako aus, der Hauptstadt Malis, war ich mit einer Pinasse den Fluten des Niger stromabwärts gefolgt, auf der historischen Reiseroute von Mungo Park, einem jungen Arzt aus Schottland, der 1796 diesen Strom als erster Europäer bereist hatte. Seit damals hatten sich die 15 bis 20 Meter langen Pinassen der Malinesen kaum verändert. Bug und Heck bestanden noch immer aus zwei zusammenhängenden Teilen. Und auch die Zwischenräume wurden nach wie vor mit feuchtem Sackleinen, Teer und Schmieröl abgedichtet. Für den Antrieb sorgten große Rahsegel, lange Stakstangen oder (neuerdings) ein Motor, der jedoch umgerechnet 3500 Euro kostete – so viel wie ein ganzes Schiff.

Herrlich war's, als ich auf einer nostalgischen Pinasse den Hafen von Bamako verließ und ein kräftiger Wind in das Segel blähte, das aus Sackleinen gefertigt war. Kapitän Mohammed Kouna hielt am Heck das Ruder und brachte sein Schiff auf Kurs. Es ging nach Norden, wo die Trocken- und Dornsavanne in die Vollwüste überging.

Angesichts der ausgedörrten Uferregionen mochte ich kaum glauben, dass zu der Zeit, als für Europa gerade das Mittelalter anbrach, hier am Niger die großen afrikanischen Reiche Ghana, Mali und Songhai entstanden. Sie unterhielten Armeen, besaßen funktionstüchtige Verwaltungen und trieben regen Handel mit Städten wie Fes, Kairo, Mekka und Genua.

Heute dagegen gilt Mali als das Armenhaus Afrikas. In den Flussdörfern, die ich gelegentlich mit der Pinasse anlief, gab es meist nur Reis, Hirse, Zwiebeln oder Trockenfisch. Eine Ausnahme bildete Mopti: eine bedeutende Hafenstadt am Niger, die auch als »Venedig Afrikas« gilt. Zur Regenzeit schwellen hier die Fluten des großen Stroms derart an, dass Mopti nur noch aus drei Inseln besteht, die durch Dämme und Brücken miteinander verbunden sind.

Bei lautem Stimmengewirr wurden auf dem Markt von Mopti die verschiedensten Waren angeboten: Orangen, Zwiebeln, Paprikaschoten, Gewürze und Maniok. Zudem gab es dampfenden Reis und leckere Krapfen, gebackene Bananen, gekochte Eier, heißen Tee und warmes Fladenbrot mit Karitébutter – eine ölige Paste aus Karitésamen. Am Stand des Apothekers wurden zu Pulver zerriebene Krokodile, Schlangen oder Affen in kleinen Beuteln als Heilmittel feilgeboten. Und überall gab es heiratsfähige Töchter, die man unter die Haube bringen wollte. Vor allem die traumschönen Gesichter der jungen Peulh-Frauen, die sich mit muschelförmigen Ohrringen aus Gold geschmückt hatten, waren ein faszinierender Blickfang.

Von Mopti führte meine Flussreise weiter gen Norden. Es ging durch den berühmt-berüchtigten Trockengürtel des Sahel bis nach Timbuktu.

Auch heute noch ist Timbuktu die geheimnisvollste Stadt Afrikas. Noch immer weht hier eine seltsame Magie durch Gassen und Gässchen. Und noch immer haben die festungsartigen Moscheen und riesigen Minarette, die drohenden Zeigefingern gleichen, nichts von ihrer Ausstrahlungskraft verloren. Märchenhaft war einst die Oase mit ihrer Universität und ihren Palästen, 333 Heiligen und 100 000 Einwohnern. Glücksritter und Forscher wie der englische Major Gordon Laing, der Franzose René Caillié und der deutsche Geograf Heinrich Barth kamen im 19. Jahrhundert hierher, um anschließend den Ruhm dieser Wüstenstadt in der Welt zu verbreiten.

In den Geschichtsbüchern wird Timbuktu, das in der Sprache der Tuareg »Tombouctou« heißt und soviel wie »Brunnen der Wächterin mit dem großen Nabel« bedeutet, um das Jahr 1000 erstmals erwähnt. Zu jener Zeit war dieser Ort nicht mehr als ein Sammel- und Beuteplatz stolzer, blau verschleierter Tuareg, die als Händler, Sklavenhalter und Räuber über Jahrhunderte die Sahara beherrschten. Im 14. Jahrhundert kam der Nomadentreffpunkt unter den Herrschaftsbereich von Kankan Mussa (1312–1337), jenes mächtigen Königs, dessen Reichtum die arabische Welt beinahe in eine Wirtschaftsdepression gestürzt hätte. Denn fast zehn Jahre lang trieb Kankan Mussa in Ägypten den Goldpreis in den Keller, weil er als Mekka-Pilger die Höflinge in Kairo mit unglaublichen Mengen des edlen Metalls beschenkt hatte. Damals erlebte Timbuktu eine Hochblüte, war religiöses Zentrum und kultureller Mittelpunkt Afrikas.

Als ich durch die engen Gassen Timbuktus wanderte, in denen die Lehmmauern mittlerweile zerbröselten und der Wind feine Staubfahnen aufwirbelte, konnte ich zunächst nicht begreifen, was an dieser Oasenstadt eigentlich so faszinierend und hinreißend gewesen sein soll. Es war eine Stadt mit würfelförmigen Häusern aus luftgetrockneten Lehmziegeln, die mit holzgeschnitzten, messingbeschlagenen Türen und Fensterläden versehen waren. Dunkle Innenhöfe und alte Lehmöfen, in denen das typische Fladenbrot der Wüstenmenschen gebacken wurde, wechselten ab mit festungsartigen Moscheen. Es war eine Stadt ohne jedes Grün, in der ich kaum noch Spuren des einst so glanzvollen Lebens entdeckte.

Zudem musste Timbuktu in den vergangenen Jahrzehnten viel Leid und Tod erleben. Die Stadt lag mitten im Bürgerkriegsgebiet, hier kämpften Tuareg-Nomaden gegen die Armee des Staates Mali, und der Wüstensand tränkte sich mit Blut.

Jeder Fremde, der diese Wüstenstadt betritt, wird von Männern in flatternden Bou-Bous, das Gesicht bis zu den Augen verhüllt, misstrauisch beäugt. Auch ich wurde auf dem Markt von Timbuktu auf Schritt und Tritt beobachtet. Selbst als ich an einen Verkaufsstand herantrat, wo im Schatten einer knorrigen Tamariske ein Tuareg saß. Mit ausgestreckten Beinen, die Arme vor der Brust gekreuzt, lehnte er an einer Hauswand. Sein Körper war in blaue Stoffbahnen gehüllt. Und auch das Gesicht verbarg sich weitgehend hinter einem schwarzen Tuch. Nur durch einen schmalen Schlitz sah man Ansätze von brauner Haut und die Augen, die von Müdigkeit und starkem Lichteinfall gezeichnet waren.

Neben einem Durcheinander von Hirsesäcken, Gewürzbeuteln, Plastikschüsseln, Amuletten, Ketten und Armreifen entdeckte ich einen abseits stehenden Pappkarton mit Büchern. Lesefutter in einem der abgeschiedensten Winkel der Sahara. Ich mochte meinen Augen kaum trauen. Träumte ich?

Als der Tuareg meine Neugier bemerkte und ich etwas linkisch auf den leicht versandeten Karton zeigte, erhob er sich mit bewundernswerter Gewandtheit vom Erdboden und gab mir den Karton zum Stöbern. Ich zählte zwölf Bücher, in französischer, englischer, italienischer und deutscher Sprache, Romane und Krimis. Lauter alte Schmöker, verschmutzt und abgegriffen. Etwas von Robert Ludlum und Sidney Sheldon war dabei. Und eine Ausgabe von Heinrich Heine. Die »Reisebilder«. Ein dickes, gebundenes Buch aus den 1960er Jahren. Auf dem schmuddeligen und verstaubten Umschlag prangte eine farbige Titelschrift in Blau und Rot, darunter ein zeitgenössisches Bild von einer Kathedrale. Der rosa Leineneinband war leicht verbogen, die Ecken und der Buchrücken etwas abgestoßen. Zudem war das Buch mit einem schmutzigen, fast schwarzen Band verschnürt, dessen Enden zu einem ordentlichen Knoten zusammengebunden waren. Kein Zweifel, dieses Buch hatte eine Menge mitgemacht.

Mit einem leichten Nicken zog der Tuareg ein dunkelblaues Tuch aus seinem weiten Gewand, nahm mir das Buch aus der Hand, wischte den Schmutz ein wenig ab und öffnete die Verschnürung. Als er mir das Buch erneut reichte, entdeckte ich zwischen den Seiten ein unförmiges Lesezeichen, das mir zuvor – bedingt durch Schmutz und Verschnürung – gar nicht aufgefallen war. Das Lesezeichen war eine abgegriffene Postkarte mit einem Farbfoto von Paris: der Eiffelturm in nächtlichem Glitzerlicht. Auf der Rückseite standen nur ein paar Worte: »Herzliche Grüße von Eurem Walter!« Kein Datum, kein Stempel, keine Briefmarke. Die farbige Karte steckte zwischen den Seiten 101 und 102. Genau auf diesen Seiten begann Heinrich Heines »Harzreise«.

Ein Zufall?

Ich entschloss mich, das Buch zu kaufen, kramte etwas Geld aus der Hosentasche und gab es dem Tuareg, der für einen kurzen Moment seinen dunklen Gesichtsschleier beiseiteschob – und mich anlachte.

Es gibt keine Zufälle im Leben, dachte ich.

Nur zu Fuß hält
die Seele Schritt

Zwei Zentimeter auf der Landkarte entsprachen einem Kilometer in der Wirklichkeit, so stand es auf dem Kartenblatt, das ich für unsere Wanderung durch den Harz besorgt hatte. Wenn wir diesen Angaben trauen konnten, waren wir etwa 20 Kilometer weit gelaufen, seit wir Göttingen verlassen hatten. Für den ersten Tag musste das reichen. Schließlich hatten wir wegen des Regens erst am Nachmittag aufbrechen können.

Unsere erste Nacht verbrachten wir in einer Ferienwohnung in Sudheim, einem winzigen Ort an der B3. Kaum mehr als dreißig Einfamilienhäuser gab es hier, in dieser unheilbar heilen Bürgerwelt. Und auch in unserem Gästezimmer herrschte ländlich-häusliche Ordnung: eine Couch, zwei Sessel, ein großer Tisch, darauf eine Fransendecke mit bunten Plastikblumen. In den Wandregalen stand reichlich Nippes und einige Bücher, vor allem Liebesromane. Über dem Fernseher rankte Efeu.

Hundemüde bereiteten wir uns in der kleinen Küche das Abendessen: heiße Kraftbrühe und Schwarzbrot mit Käse. Aaron war beim Essen in euphorischer Hochstimmung, freute sich über den ersten Wandertag. Trotz des heftigen Regens hatten wir Göttingen hinter uns gelassen und den ersten Schweiß auf den Lippen geschmeckt, die Rucksackriemen in den Schultern gespürt und die Füße in den Stiefeln heiß gelaufen. Was Wunder, dass Aaron unsere Zukunft in den herrlichsten Farben ausmalte: kein Weg zu weit, kein Wald zu tief, kein Berg zu hoch.

Gleichwohl hatte Aaron in den letzten Jahren genug Wandererfahrung sammeln können, um zu wissen, dass der erste Tag nicht mehr war als ein Vorgeschmack. Es war ihm bewusst, dass unsere Tour noch eine Menge Anstrengungen mit sich bringen würde.

Aaron ist ein cleverer Kerl, mittelgroß, mit wirrem, lockigem Haar, das ihm zuweilen bis auf die Schultern reicht. Er ist aufgeschlossen, freundlich und lebensfroh, mag gern »Action« um sich herum und ist von allem Lebendigen fasziniert, seien es Tiere oder Pflanzen. Sein Herz trägt er meist auf der Zunge. Er sagt, was er will, hält mit seiner Meinung kaum hinterm Berg. Vor allem mir gegenüber nimmt er kein Blatt vor den Mund. Warum auch? Gewisse Wahrheiten, auch wenn sie manchmal zwicken, müssen einfach raus, müssen gesagt werden. Wer könnte das besser als der eigene Sohn?

Wenn Aaron etwas will, ist ihm kein Weg zu weit, kein Aufwand zu groß. Selbst sein sonniges Lächeln setzt er dann schamlos ein. Nur ums Lernen drückt er sich gelegentlich mit bemerkenswertem Geschick. Seine Schulbücher sieht er lieber in irgendeiner Ecke als auf dem Schreibtisch. Der ist nämlich voll mit Comicheften, Kinoprospekten, Bleistiften, Spielkarten, DVD-Hüllen, CD-Scheiben, Schokoladenstückchen, Apfelsinenschalen und Miniaturfiguren aus dem Film »Der Herr der Ringe«, die er mit großer Sorgfalt bemalt und dann auf einem Holzbord in Reih und Glied ordnet. In Kampfstellung stehen dort Menschen und Zauberer neben Trollen, Zwergen und Hobbits, die ihn durch den Tag begleiten.

Selbst als Fünfzehnjähriger muss Aaron beim Wandern nicht unbedingt wissen, wo er sich gerade befindet. Ihm reicht, was er sieht. Ich dagegen reise eher mit einer Landkarte im Kopf, weil ich mir stets darüber im Klaren sein will, auf welcher Straße ich bin und wie viele Kilometer noch vor mir liegen. Aaron ist einfach da, als wäre er vom Himmel gefallen.

So war es auch am nächsten Morgen, als wir Sudheim gleich nach dem Frühstück verließen und uns wieder auf den Weg machten. Ortsschilder, Kilometerzahl und Landkartenausschnitte waren nicht Aarons Sache. Stattdessen beobachtete er Greifvögel und Feldmäuse, die zu dieser frühen Stunde unsere Begleiter waren.

Das Wetter sah vielversprechend aus. Blasse Dämmerung hatte im Laufe des Vormittags einem hoffnungsfrohen Himmel Platz gemacht. Dennoch kamen wir nur langsam in Bewegung, weil wir zwei Baustellen umgehen und zwischen vorwärtsrückenden Autoschlangen einige Leitplanken übersteigen mussten. Erst danach ging es geradliniger voran.

Schon seit Jahren habe ich es mir auf längeren Wanderungen zur Gewohnheit gemacht, meine Schritte zu zählen, wenn ich morgens in die Weite aufbreche. Meistens zähle ich bis dreitausend. Danach habe ich dann in der Regel meinen Rhythmus gefunden, ob auf Straßen, Wegen oder Pfaden. Und alles, was mich bedrängt oder bedrückt, fällt ab, während die Gedanken ausschwärmen und in die Landschaft flattern.

Ich liebe es, zu Fuß in der Natur unterwegs zu sein.

Wer mit dem Auto reist, braucht eine Straße; wer mit dem Zug reist, braucht Gleise. Selbst mit dem Fahrrad braucht man einen passablen Weg. Nur zu Fuß braucht man nichts weiter als den Erdboden unter sich. Kein Zaun, kein Feld, kein wegloser Wald kann einen aufhalten. Denn zu Fuß kommt man überall hin. Und was einem am Weg begegnet, das erlebt man hautnah, das prägt sich ein.

Zu-Fuß-Gehen ist für mich

* Loslassen von Alltagslasten
* Unterwegssein auf Augenhöhe mit der Welt
* Suche nach innerer Ruhe und Orientierung
* Besinnung auf das Wesentliche
* Verzicht auf vermeintlich Unentbehrliches
* Wiederfinden von Verlorengegangenem
* Zugewinn an innerer Freiheit
* Lebensfreude und Inspiration
* Selbsterfahrung und Sinnsuche
* Meditation
* Demut und Ehrfurcht vor der Natur
* Lebenskunst und Selbstheilung.

Schon seit Jahren denke ich, dass unsere Welt viel besser funktionieren würde, wenn die Menschen mehr zu Fuß gingen. Vielleicht sollten wir unseren genormten Lebensanspruch, die eingeschliffenen Gewohnheiten und das Diktat der Beschleunigung viel öfter infrage stellen. Denn wer zu Fuß geht, stellt sich auf eine Stufe mit dem Ursprünglichen.

Manchmal, wenn ich zu Fuß in den abgeschiedensten Winkeln der Erde unterwegs war, empfand ich sogar wie die Krieger der Turkana, ein afrikanisches Naturvolk im Norden Kenias, bei dem ich vor Jahren mehrere Monate lang lebte. Dort erfuhr ich, dass die Männer, wenn sie längere Strecken zu Fuß hinter sich gebracht hatten, kurz vor ihrem Ziel noch einmal haltmachen und einen Moment warten, damit ihre Seele sie einholt.

Durch solches Erleben, jenseits von allem standardisierten Verhalten, habe ich gelernt, dass das humane Tempo und der freiwillige Minimalismus kostbare Güter sind, die wir uns bewahren müssen. Denn nur zu Fuß hält die Seele Schritt. Und: Nur wo man zu Fuß war, war man wirklich.

Meine Sehnsucht und mein Verlangen nach Stille, Einsamkeit und intensivem Erleben in der Natur, da bin ich mir sicher, kommt vor allem aus dem Zivilisationsüberdruss. Vermutlich ist es sogar ein Protest gegen die Hektik und Schnelllebigkeit unserer übertechnisierten Welt. »Entschleunigung« ist für mich seit Jahren ein Zauberwort. Sich reduzieren, sich auf die eigene Körperkraft besinnen und das Zu-Fuß-Gehen neu lernen, statt den gesellschaftlichen Vorgaben von »weiter und mehr, schneller und höher« zu folgen.

Das war und ist mein Weg.

Und auf diese Weise gelang es mir – von Wanderung zu Wanderung, von Jahr zu Jahr –, neue Erlebniswelten in der Natur aufzuspüren und die wiedergefundene Langsamkeit des eigenen Schrittrhythmus zu nutzen, um keinen bedrängenden Fragen auszuweichen, die nach Wahrheit verlangen.

Wer bin ich?

Was will ich?

Wie viel braucht man zum Glücklichsein?

Von Northeim
nach Osterode

Northeim war Heinrich Heines erstes Ziel bei seiner Harzwanderung. Dort stand die Sonne *hoch und glänzend am
Himmel.* Es war bereits Mittag, als er die kleine Stadt erreichte und zum Essen in ein Wirtshaus einkehrte. *Alle Gerichte waren schmackhaft zubereitet und wollten* ihm sehr
viel *besser behagen als die abgeschmackten akademischen
Gerichte, die* ihm *in Göttingen vorgesetzt wurden.*

Aufmerksam schaute sich Heine nach dem Essen im
Gasthof um, und bemerkte *einen Herren mit zwei Damen,
die im Begriff waren, abzureisen. Dieser Herr war ganz
grün gekleidet, trug sogar eine grüne Brille, die auf seine
rote Kupfernase einen Schein wie Grünspan warf, und sah
aus, wie der König Nebukadnezar in seinen späteren Jahren ausgesehen hat, als er, der Sage nach, gleich einem Tiere
des Waldes, nichts als Salat aß. Der Grüne wünschte, dass
ich ihm ein Hotel in Göttingen empfehlen möchte, und ich
riet ihm, dort von dem ersten besten Studenten das Hotel
de Brühbach zu erfragen. Die eine Dame war die Frau Ge-
mahlin, eine gar große, weitläufige Dame, ein rotes Qua-
dratmeilengesicht mit Grübchen in den Wangen, die wie
Spucknäpfe für Liebesgötter aussahen, ein langfleischig he-
rabhängendes Unterkinn, das eine schlechte Fortsetzung des
Gesichtes zu sein schien, und ein hochaufgestapelter Busen,
der mit steifen Spitzen und vielzackig festonierten Krägen
wie mit Türmchen und Bastionen umbaut war und einer
Festung glich, die gewiss ebenso wenig wie jene anderen Fes-
tungen, von denen Philipp von Mazedonien spricht, einem*

mit Gold beladenen Esel widerstehen würde. *Die andere Dame, die Frau Schwester, bildete ganz den Gegensatz der eben beschriebenen. Stammte jene von Pharaos fetten Kühen, so stammte diese von den magern. Das Gesicht nur ein Mund zwischen zwei Ohren, die Brust trostlos öde, wie die Lüneburger Heide; die ganze ausgekochte Gestalt glich einem Freitisch für arme Theologen. Beide Damen fragten mich zu gleicher Zeit, ob im Hotel de Brühbach auch ordentliche Leute logierten. Ich bejahte es mit gutem Gewissen, und als das holde Kleeblatt abfuhr, grüßte ich nochmals zum Fenster hinaus.* Der Sonnenwirt lächelte gar schlau und mochte wohl wissen, dass der Karzer, in dem ungehorsame Studenten ihre Strafen absaßen, *in Göttingen Hotel de Brühbach genannt wird.*

Wir hofften indessen, dass unser Wegweiser etwas zuverlässiger war, der uns den Hinweis gab, dass es von Northeim nach Osterode noch 21 Kilometer waren. Eine Strecke, die wir bis zum Abend schaffen wollten. Daher hielten wir uns in Northeim gar nicht lange auf. Beim Bäcker besorgten wir belegte Brötchen und zwei Apfeltaschen. Im Gemüseladen entschieden wir uns für ein paar Birnen und Bananen. Dann waren wir auch schon unterwegs. Es ging über Hammenstedt, Katlenburg, Berka und Dorste, wo Hügel und Anhöhen stetig zunahmen – und wo Heine seinerzeit mehrere *Krämer* traf, *die nach der Braunschweiger Messe zogen,* sowie *einen Schwarm Frauenzimmer, deren jede ein großes, fast häuserhohes, mit weißem Leinen überzogenes Behältnis auf dem Rücken trug. Darin saßen allerlei eingefangene Singvögel, die beständig piepsten und zwitscherten, während ihre Trägerinnen lustig dahinhüpften und schwatzten.*

Erst in *pechdunkler Nacht kam* Heine nach Osterode, fand dort rasch eine Unterkunft und legte sich – *müde wie ein Hund* – gleich ins Bett.

Und wir?

Wir übernachteten kurz vor der Stadt, unter freiem Himmel in einem kleinen Wäldchen nahe bei einem Getreidefeld. Über uns funkelten bereits die Sterne, als wir zu Brötchen und Bananen griffen und die Beine in den molligen Schlafsäcken ausstreckten. Es dauerte keine fünf Minuten, bis Aaron mit einem Stück Mettwurst in der Hand einschlief.

Ich hingegen blätterte noch im Licht der Taschenlampe in Heines »Buch der Lieder« und las bis spät in die Nacht:

Ein Traum, gar seltsam schauerlich,
Ergötzte und erschreckte mich.
Noch schwebte mir vor manch grausig Bild,
Und in dem Herzen wogt es wild.

Das war ein Garten, wunderschön,
Da wollt ich lustig mich ergehn;
Viel schöne Blumen sahn mich an,
Ich hatte meine Freude dran.

Es zwitscherten die Vögelein
Viel muntre Liebesmelodei'n;
Die Sonne rot, von Gold umstrahlt,
Die Blumen lustig bunt bemalt.

Viel Balsamduft aus Kräutern rinnt,
Die Lüfte wehen lieb und lind;
Und alles schimmert, alles lacht,
Und zeigt mir freundlich seine Pracht.

Inmitten in dem Blumenland
Ein klarer Marmorbrunnen stand;
Da schaut ich eine schöne Maid,
Die emsig wusch ein weißes Kleid.

Die Wänglein süß, die Äuglein mild,
Ein blondgelocktes Heil'genbild;
Und wie ich schau, die Maid ich fand
So fremd und doch so wohlbekannt.

Die schöne Maid, die sputet sich,
Sie summt ein Lied gar wunderlich:
»Rinne, rinne Wässerlein,
Wasche mir das Linnen rein!«

Ich ging und nahete mich ihr,
Und flüsterte: »O sage mir,
Du wunderschöne, süße Maid,
Für wen ist dieses weiße Kleid?«

Da sprach sie schnell: »Sei bald bereit,
Ich wasche dir dein Totenkleid!«
Und als sie dies gesprochen kaum,
Zerfloß das ganze Bild, wie Schaum. –

Und fortgezaubert stand ich bald
In einem düstern, wilden Wald.
Die Bäume ragten himmelan;
Ich stand erstaunt und sann und sann.

Und horch! Welch dumpfer Widerhall!
Wie ferner Äxtenschläge Schall;
Ich eil durch Busch und Wildnis fort,
Und komm an einen freien Ort.

Inmitten in dem grünen Raum,
Da stand ein großer Eichenbaum;
Und sieh! Mein Mägdlein wundersam
Haut mit dem Beil den Eichenstamm.

Und Schlag auf Schlag, und sonder Weil',
Summt sie ein Lied und schwingt das Beil:
»Eisen blink, Eisen blank,
Zimmre hurtig Eichenschrank!«

Ich ging und nahete mich ihr,
Und flüsterte: »O sage mir,
Du wundersüßes Mägdelein,
Wem zimmerst du den Eichenschrein?«

Da sprach sie schnell: »Die Zeit ist karg,
Ich zimmre deinen Totensarg!«
Und als sie dies gesprochen kaum,
Zerfloß das ganze Bild, wie Schaum.

Als Heinrich Heine am nächsten Morgen erwachte, schien die *goldene Sonne ... durch das Fenster* des Wirtshauses *und beleuchtete die Schildereien an den Wänden des Zimmers. Es waren Bilder aus dem Befreiungskriege, worauf treu dargestellt stand, wie wir alle Helden waren, dann auch Hinrichtungsszenen aus der Revolutionszeit, Ludwig XVI. auf der Guillotine und ähnliche Kopfabschneidereien, die man gar nicht ansehen kann, ohne Gott zu danken, dass man ruhig im Bett liegt und guten Kaffee trinkt und den Kopf noch so recht komfortabel auf den Schultern sitzen hat.*

Uns weckte dagegen das Motorgeräusch eines knallroten Treckers, der nur wenige Meter von unserem Nachtlager entfernt hupend zum Stehen kam. Auf dem Sitz hockte ein dunkelhaariger Mann mit Stoppelbart, grüner Arbeitsjacke und Latzhose. Er war etwa Mitte vierzig und nahm uns mit bohrendem Blick ins Visier, als er mit lauter Stimme grollte: »Ich glaub', ich spinne. Was, in Gottes Namen, macht ihr hier?«

»Wir haben hier übernachtet«, erwiderte ich und rollte meinen Schlafsack zusammen, wohl wissend, dass es gleich zu einem Donnerwetter kommen könnte.

»Ihr hättet fragen können!«

»Das hätten wir gern gemacht, doch es war gestern schon zu dunkel. Wir konnten nirgendwo ein Haus erkennen«, erklärte ich und fing Aarons Blick auf, der mir zu verstehen gab: »He, Papa, bleib ganz ruhig, reg dich nicht auf!«

»Mein Hof ist dort drüben«, sagte der Bauer unwirsch, »das kann man doch wohl seh'n, oder?«

»Im Dunkeln leider nicht«, meinte Aaron und kämmte sich mit den Fingern durchs Haar, um die Spuren der Nacht zu beseitigen.

»Könnt ihr euch kein Hotel leisten? Oder warum schlaft ihr auf meinem Grundstück?«

»Es tut uns leid, wenn wir Sie verärgert haben«, fuhr ich fort. »Wir hätten gern in einem Hotel in Osterode geschlafen – aber die Dunkelheit hat uns überrascht.«

»Und da habt ihr euch einfach hier ausgebreitet?«

»Ja, haben wir«, gab Aaron ehrlich zu. »Wir waren gestern den ganzen Tag auf den Beinen. Zu Fuß sind wir aus Göttingen gekommen … Eigentlich ja aus Hamburg …«

»Was, von Hamburg bis hierher zu Fuß?«

»Nein, nicht zu Fuß«, sagte Aaron trocken und erzählte dann von Heinrich Heine, von der Harzwanderung und unserem Weg in Richtung Osterode.

Fast augenblicklich entspannte sich das Gesicht des Bauern, und seine schmalen Lippen dehnten sich zu einem breiten Lächeln.

»Das ist ja 'ne tolle Geschichte«, meinte er und fügte hinzu: »Ich bin übrigens Holger. Wenn ihr eure Sachen gepackt habt, könnt ihr bei uns frühstücken. Meine Frau findet ihr dort drüben im Haus. Ich muss nur noch rasch was erledigen, komme aber gleich zurück.« Dabei wies er auf ein kleines Waldstück, wo ein stattlicher Bauernhof stand. Ein Hof wie aus dem Bilderbuch, mit Fachwerk, Zäunen und Scheune.

»Wir kommen gern«, sagte ich, während Bauer Holger schon seinen Trecker startete und davonknatterte.

Später saßen wir bei Kaffee und heißer Milch, Brot und Wurst, Müsli und Marmelade in einer gemütlichen Küche. Wir hörten von den Problemen in der Landwirtschaft, von zu viel Arbeit und dem weiten Schulweg der beiden Kinder, von der Plage mit Feldmäusen und Kaninchen, vom jähzornigen Wachhund »Maxi«, einem wilden Schäferhund an einer langen Kette, der seit Monaten keinen Postboten auf den Hof ließ – und vom verregneten Sommer. »Die heftigen Wolkenbrüche haben uns in diesem Jahr viel kaputt gemacht«, meinte Holger. »Aber was soll's. Irgendwie werden wir's schon schaffen!«

Nach ein paar Kilometern erreichten wir Osterode. Aaron war in bester Laune und kraxelte gleich zur alten Ruine der ehemaligen Burg hinauf, die schon zu Heines Zeit *nur noch aus der Hälfte eines großen, dickmaurigen, wie von Krebs-*

schäden angefressenen Turms bestand. Von der Festungsanhöhe konnten wir das hübsche Fachwerkstädtchen mit seinen schmalen Altstadtstraßen, Kirche, Marktplatz, Parks und vielen Traufenhäusern aus vier Jahrhunderten überblicken. Mittendrin lag der Kornmarkt, wo ehemals im »Rinneschen Renaissancehaus« bis zu 20000 Tonnen Getreide für die Versorgung der Oberharzer Bergleute lagerten.

Gleich dahinter öffnete sich der Wald.

Grün und dunkel.

Auf dem
Hexen-Stieg

Jede Region, jede Landschaft hat ihre Rätsel und Geheimnisse. Oftmals ist das Vergangene unter der Erdoberfläche verborgen und wartet nur darauf, durch die Unbilden der Natur oder menschliches Einwirken zum Vorschein zu kommen. So ist es auch im Harz. Immer wieder stießen wir auf dem Weg zwischen Osterode und Clausthal-Zellerfeld auf bizarre Gesteinsformationen mit moosbewachsenen Überwucherungen. Diese Steinbrocken nennt man »Kissenlava«. Den Geologen gelten sie als Spuren einer längst vergangenen Zeit. Sie erzählen Geschichten einer Region, deren dramatische Entstehung weit zurückreicht in eine Zeit, als es noch keine Menschen auf der Erde gab.

Wir hatten Osterode gleich nach dem Mittag verlassen und waren in Richtung Norden aufgebrochen. Die Dame in der Touristen-Information hatte Aaron hilfsbereit Auskunft über den Weg nach Clausthal-Zellerfeld gegeben. Es sollte ein einfacher Weg sein, ohne jede Anstrengung. Folglich liefen wir gut gelaunt durch die geschäftige Fußgängerzone und entlang der alten Stadtmauer. Auf der Scherenberger Straße, kurz vor dem Ende der Stadt, fiel uns an der rot-weißen Fassade der Pension Hannover ein Spruch ins Auge, der in einen Holzbalken geschnitzt war:

Ein fröhlich Herz,
Ein friedlich Haus,
Macht das Glück des Lebens aus.

Gleich dahinter drohte ein Schild mit dem Hinweis: »11 % Steigung«. Angesichts dieser Ankündigung spürte ich den Rucksack sofort sehr viel schwerer im Kreuz.

»Bist du sicher, dass dies der richtige Weg ist?«, fragte ich Aaron misstrauisch.

»Mach dir keine Sorgen, Papa! Weiter oben wird es bestimmt besser.« Also stapften wir die asphaltierte Steigung hinauf, durch einen Speckgürtel aus Eigenheimen mit Blumenkästen und Gartenzwergen – die reinste Vorgartenidylle.

Zwanzig Minuten später trafen wir auf einen breiten Waldweg, der in ein Naturschutzgebiet führte, wo uns Schmetterlinge begleiteten, Falter in wunderschönen Farben: Tagpfauenaugen, Eckfalter und Zitronenfalter. Allesamt zerbrechliche Wesen mit farbenfrohen Flügelbildern. Völlig lautlos huschten sie wie leichte, selige Tänzer durch die Lüfte, ein Gleichnis für den Geist des Schwebens.

Durch ausgedehnte Laubwälder ging es immer weiter bergauf. Wir folgten kleinen Hinweisschildern, die uns den Weg wiesen: eine weiße Hexe mit Besenstiel auf grünem Grund. Diese Schilder sind das Kennzeichen des »Harzer-Hexen-Stiegs«, eines der schönsten Weitwanderwege Deutschlands. Erst am 3. Oktober 2003 wurde er mit einer Länge von 97 Kilometern eingeweiht. Von Osterode führt er über Torfhaus und den Brocken ins östliche Bodetal nach Thale. Urwüchsige Natur und sagenumwobene Stätten wechseln hier mit Burgen, Schlössern, Ruinen und traditionellen Bergbaugruben. Es ist einer der attraktivsten »Top-Trails« im Harz und bietet herrliche Fernblicke.

Von einem dieser zahlreichen Aussichtspunkte schaute auch Heine *hinab in das Tal, wo Osterode mit seinen roten Dächern aus den grünen Tannenwäldern ... wie eine Moosrose* hervorguckte.

Aaron und ich hatten in diesem Wald oft das Gefühl, als hätte sich seit Hunderten von Jahren kaum etwas verändert. Vermutlich erlebten wir viele landschaftliche Ausblicke ganz ähnlich wie Heinrich Heine: *Tannenwälder wogten unter uns wie ein grünes Meer, und am blauen Himmel oben schifften die weißen Wolken. Die Wildheit der Gegend war durch ihre Einheit und Einfachheit gleichsam gezähmt. Wie ein guter Dichter liebt die Natur keine schroffen Übergänge. Die Wolken, so bizarr gestaltet sie auch zuweilen erscheinen, tragen ein weißes oder doch ein mildes, mit dem blauen Himmel und der grünen Erde harmonisch korrespondierendes Kolorit, so dass alle Farben einer Gegend wie leise Musik ineinanderschmelzen und jeder Naturanblick kampfstillend und gemütberuhigend wirkt.*

Trotz der begeisternden Natur empfanden wir den kontinuierlichen Aufstieg als recht mühsam. Über 600 Meter ging es in Richtung Clausthal-Zellerfeld bergauf. Der Rucksack drückte und zog in den Schultern. Die Füße wurden langsam, aber sicher schwerer und schwerer. Und auch die Beine, bis zum Hüftgelenk, machten sich bemerkbar. Erste Blasen kündigten sich an und wuchsen spürbar.

Gleichwohl wurden wir für unsere Mühen belohnt, denn auf diesem Weg bot sich uns ein fantastischer Einblick in die Entstehungsgeschichte des Harzes. Bis zu 400 Millionen Jahre reichen die Zeugnisse aus prähistorischer Zeit zurück. Auf den ersten Blick sieht man es dem Harz gar nicht an. Wohl aber sieht man an verschiedenen Orten, dass dieses Waldgebirge vulkanischen Ursprungs ist. Fossile Dokumente einer versunkenen Welt geben hier Aufschluss über die Vergangenheit unserer Erde. Daher gilt der Harz auch als »Eldorado« der Wissenschaft, als Pflichtprogramm für jeden angehenden Geologen. Denn das, was die Natur in dieser Ecke der Welt an tektonischem Aufruhr erlebte, hat Modellcharakter. Hier spien Vulkane heiße Lava, Magmaströme flossen in ein Meer, und gewaltige Kräfte falteten ganze Gebirge auf und ebneten sie wieder ein.

Der Harz gilt als ideales Terrain für Wissenschaftler und Hobbygeologen, wo man nicht nur Korallen, Muscheln, Frühformen von Ammoniten und uralte Riffe finden kann, sondern auch »Graptolithenschiefer«, sogenannte »Schriftsteine«, die mikroskopisch kleine, ausgestorbene Tiere in sich tragen. Diese winzigen Tierchen stammen aus dem Erdzeitalter des »oberen Silur«; sie sind über 400 Millionen Jahre alt und lebten wie viele Pflanzen fast ausschließlich im Wasser. Somit gelten sie auch als Beweis dafür, dass sich im Naturgroßraum Harz ehemals ein ausgedehntes Meer befand.

Zudem hörten wir im Harz immer wieder von Brachiopoden, Roteisensteinen, Sedimentstapeln, Erzbändern, Goniatiten, Ammoniten, Trilobiten sowie einem Zechsteinmeer – und fühlten uns von all diesen Informationen vollkommen überfordert. Daher wäre es auch sinnlos, würde ich an dieser Stelle detailliert über die Entstehung und Geschichte des Harzes berichten. Zu verwirrend sind die Geschehnisse um die Auffaltung und Einebnung des höchsten Gebirges in Deutschlands Norden. Zu viele Mosaiksteine müsste ich benennen, die alle zum Verständnis der Entwicklung unserer Erde beitragen. Doch um einen kurzen Einblick komme ich nicht herum. Zu faszinierend ist das Drama um dieses »Faltengebirge«, wenn man das Tagebuch der Erdgeschichte aufschlägt.

Man muss bis auf einen Zeitraum zwischen 400 und 300 Millionen Jahren zurückschauen, will man einen Blick auf die elementaren geologischen Aspekte des Harzes werfen. Damals bildete sich auf einem ausgedehnten Meeresboden, der stetig nachgab, eine »Melange« aus Kalkgestein, Geröll, Lava, Ton und Sand, ein unbeschreibliches Chaos von Ablagerungen, das im Laufe der Zeit von einem gigantischen Schraubstock zusammengepresst wurde, wodurch aus dem kilometerdicken Sedimentpaket ein »Faltengebirge« entstand. Erdwissenschaftler nennen solche Gebirgsformationen auch »Nahtstellen«, sogenannte Schnittpunkte, an denen urzeitliche Kontinente miteinander kollidierten und sich Teile der Erdrinde neu zusammenfügten.

Gegen Ende dieses gigantischen »Hebungsprozesses« drangen heiße Magmaströme in das stark beanspruchte Gestein. Doch zu Vulkanexplosionen kam es nicht. Stattdessen erstarrten die Magmafluten in überdimensionalen Erdkammern, wo in Jahrmillionen gehärtetes Tiefengestein daraus wurde, vor allem Granit. Noch heute gilt der Brocken (1142 m) als gewaltigster Granitblock des Harzes.

Fast zur gleichen Zeit sonderten sich eisen- und kieselsäurereiche Lösungen aus den Magmakammern ab, die Eisenerze bildeten und zur meerbedeckten Salzoberfläche aufstiegen. Dort flockten die Erze in Millionen von Jahren aus und setzten sich am Meeresgrund ab, wo sie sich zu Roteisenstein verhärteten, der im Harz vermutlich schon im 13. Jahrhundert von den Menschen abgebaut wurde.

Später zerschliffen ungeheure Verwitterungskräfte das aufragende Faltengebirge und trugen es Stück für Stück ab – ein beispielloser Zerfall, der sich vor etwa 290 bis 270 Millionen Jahren zugetragen hat, ehe wilde Meerfluten das zerschundene Rumpfgebirge überspülten.

Anschließend geschah über einen Zeitraum von fast 100 Millionen Jahren kaum etwas im heutigen Harzgebiet. Manche Gebirgsüberreste lagen im Trockenen und bildeten ausgedehnte Landmassen, während andere noch vom Wasser bedeckt waren.

Schließlich wuchs eine gewaltige Erdscholle aus dem Untergrund, die sich 2000 bis 3000 Meter hob – und es entstand jenes Harzgebirge, wie wir es heute kennen. Die unterirdischen Kräfte, die zu diesen Hebungsschüben nötig waren, drückten in jenen Tagen weder schnell noch plötzlich, eher kontinuierlich und langsam, was das Landschaftsbild entscheidend prägte: So wirkt der Süden des Harzes eher hügelig und der Nordosten mit seinen hohen Bergmassiven wuchtig und steil.

Bis heute ist noch strittig, warum es in dieser Region überhaupt zu derartig starken Landhebungen kam. Noch immer fehlen zu viele Details, um den einstigen tektonischen Aufruhr zu erklären. Und wichtige Gesteinsformationen, die genaue Auskunft geben könnten, liegen nach wie vor im Verborgenen.

»Glück auf«
in Clausthal-Zellerfeld

Die Nacht fiel bereits über Clausthal-Zellerfeld, als wir den städtischen Campingplatz »Waldweben« erreichten. Das konstante Aufwärtswandern seit Osterode hatte uns erschöpft. Nun waren wir froh, das Zweimannzelt endlich aufbauen zu können, inmitten einer Burg aus Wohnwagen. Rasch waren die Schlafplätze eingerichtet und die Nylonregenmäntel aus den Rucksäcken gekramt, die wir als Regenschutz, Sonnendach und Sitzunterlage nutzten.

Als wir es uns bequem gemacht hatten, zogen wir die feucht geschwitzten Socken von den Füßen. Einige angeschlagene Zehenspitzen umwickelten wir mit Blasenpflastern und rieben die Füße mit erfrischendem Franzbranntwein ein. Ganz klar: Morgen, zum Rundgang durch die Stadt, würden wir unsere leichtgewichtigen Sportschuhe anziehen und die Wanderstiefel im Zelt lassen. Zu oft hatten die schmerzenden Zehenspitzen, beim stetigen Auf und Ab der letzten Tage, das harte Schuhleder touchiert. Jetzt brauchten die Füße ein bisschen Erholung.

Etwas später setzte Aaron im hellen Licht der Taschenlampe den Gaskocher zusammen, drückte ihn mit einigen Drehungen in den Boden, um ihm festen Halt zu geben. Dann entzündete er den kleinen glühenden Flammenkreis und stellte einen Topf mit Suppe auf den Kocher. Wir mussten etwa zehn Minuten warten, bis der Gemüseeintopf aus der Dose fertig war. Zum Abendessen bekamen wir Besuch von einem Igel, der über unsere Regenponchos krabbelte und den Lebensmittelbeutel intensiv beschnupperte.

Nach dem Essen lagen wir einfach nur da, warm und gemütlich im Schlafsack, lehnten an den Rucksäcken und schauten hinaus in die schwarzblaue Dunkelheit, wo die Sterne funkelten. Kaum ein Laut war auf dem Campingplatz zu hören. In meinen Gliedern war eine wohlige Schwere. Ich spürte eine satte Zufriedenheit, während ich den aufgehenden Mond beobachtete. Wolkenwellentäler schimmerten in seinem matten Glanz. Der Himmel schrumpfte auf das Maß der Nacht – und ich atmete in die Atmosphäre hinauf, bis dorthin, wo alles Denken aufhört.

Am nächsten Morgen um zehn, gleich nach dem Frühstück, spazierten wir in die Stadt. Wie ein Akkordeonbalg war der Ortskern gefaltet, geprägt von unzähligen Auf- und Abstiegen. Was Wunder, dass wir Clausthal-Zellerfeld vor allem in den Beinen spürten: ein Ziehen in den Muskeln, ein Stich im Knöchel, ein Zwicken im Knie.

Zudem begegnete uns immer wieder die Historie. Wohl niemand, der Clausthal-Zellerfeld besucht, kommt um ein bisschen Geschichte herum. Erst 1924 gingen Clausthal und Zellerfeld eine Vernunftehe ein und vereinigten sich zu einer Doppelstadt. Während Zellerfeld aus dem um 1150 gegründeten Benediktinerkloster Cella hervorging und die Entdeckung erster Silberadern bald darauf zum Aufkommen des Bergbaus führte, entstand die Bergstadt Clausthal erst im 16. Jahrhundert. Ihre Gruben zählten zu den ertragreichsten im ganzen Oberharz.

Seit dem Zusammenschluss beider Städte gilt Clausthal-Zellerfeld als wirtschaftliches und kulturelles Zentrum des Oberharzes. Noch heute findet man hier nicht nur viele Bergmannshäuser, die wegen der rauen klimatischen Bedingungen mit Holz oder Schiefer verschalt wurden, sondern auch Deutschlands größte Holzkirche, die ausschließlich aus Eichen- und Fichtenholz besteht, die kleinste Technische Universität, wo rund 2800 junge Leute Bergbau sowie Erdöl- und Erdgastechnik studieren, und eine der größten Mineraliensammlungen der Welt.

Heinrich Heine erlebte Clausthal als ein nettes *Bergstädtchen* mit 66 Teichen und Seen, das er zur Mittagsstunde erreichte, *als eben die Glocke zwölf schlug und die Kinder jubelnd aus der Schule kamen. Die lieben Knaben, fast alle rotbäckig, blauäugig und flachshaarig, sprangen und jauchzten und weckten in* ihm *die wehmütig heitere Erinnerung, wie* er *einst selbst, als ein kleines Bübchen, in einer dumpf-katholischen Klosterschule zu Düsseldorf den ganzen lieben Vormittag von der hölzernen Bank nicht aufstehen durfte, und soviel Latein, Prügel und Geographie ausstehen musste, und dann ebenfalls unmäßig jauchzte und jubelte, wenn die alte Franziskanerglocke endlich zwölf schlug.*
Bereits an seinem *Ranzen* erkannten die Kinder den Fremden, den sie dennoch *gastfreundlich* begrüßten.
Später berichtete Heine, dass ihm einer der Jungen sogar offenherzig Auskunft gab: Er *erzählte mir, sie hätten eben Religionsunterricht gehabt, und er zeigte mir den königl. hannov. Katechismus, nach welchem man ihnen das Christentum abfragt. Dieses Büchlein war sehr schlecht gedruckt, und ich fürchte, die Glaubenslehren machen dadurch schon gleich einen unerfreulich löschpapierigen Eindruck auf die Gemüter der Kinder; wie es mir denn auch erschrecklich missfiel, dass das Einmaleins, welches doch mit der heiligen Dreiheitslehre bedenklich kollidiert, im Katechismus selbst, und zwar auf dem letzten Blatte desselben, abgedruckt ist und die Kinder dadurch schon frühzeitig zu sündhaften Zweifeln verleitet werden können.*

Im Gasthof »*Krone*« aß Heine dann zu Mittag. Es gab *frühlingsgrüne Petersiliensuppe, veilchenblauen Kohl, einen Kalbsbraten, groß wie der Chimborasso in Miniatur, sowie auch eine Art geräucherter Heringe, die Bückinge heißen, nach dem Namen ihres Erfinders, Wilhelm Bücking, der 1447 gestorben und um jener Erfindung willen von Karl V. so verehrt wurde, dass derselbe Anno 1556 von Middelburg nach Bievlied in Seeland reiste, bloß um dort das Grab dieses großen Mannes zu sehen. Wie herrlich schmeckt doch solch ein Gericht, wenn man die historischen Notizen dazu weiß und es selber verzehrt!*

Der anschließende Kaffee wurde ihm allerdings *verleidet, indem sich ein junger Mensch ... zu ihm setzte und so entsetzlich* schwatzte und prahlte, *dass die Milch auf dem Tische sauer wurde. Es war ein junger Handlungsbeflissener mit fünfundzwanzig bunten Westen und ebensoviel goldenen ... Ringen, Brustnadeln usw. Er sah aus wie ein Affe, der eine rote Jacke angezogen hat und nun zu sich selber sagt: Kleider* machen Leute.

Irgendwann fragte der Wichtigtuer, *was es in Göttingen Neues gäbe, und* Heine *erzählte ihm: dass vor* seiner *Abreise von dort ein Dekret des akademischen Senats erschienen* war, *worin bei drei Taler Strafe verboten wird, den Hunden die Schwänze abzuschneiden, indem die tollen Hunde in den Hundstagen die Schwänze zwischen den Beinen tragen, und man die dadurch von den nichttollen unterscheidet, was doch nicht geschehen könnte, wenn sie gar keine Schwänze haben.*

Schließlich verließ Heine den Gasthof und *machte sich auf den Weg, um die Gruben, die Silberhütten und die Münze zu besuchen.* Und während er in den Clausthaler *Silberhütten ... den Silberblick – wie so oft im Leben –* verfehlte, traf er es in *der Münze ... schon besser und konnte zusehen, wie das Geld gemacht wird,* was ihn beeindruckte: *Mit einem Gefühl, worin gar komisch Ehrfurcht und Rührung gemischt waren, betrachtete ich die neugebornen, blanken Taler, nahm einen, der eben vom Prägstocke kam, in die Hand, und sprach zu ihm: Junger Taler! Welche Schicksale erwarten dich! Wie viel Gutes und wie viel Böses wirst du stiften! Wie wirst du das Laster beschützen und die Tugend flicken, wie wirst du geliebt und dann wieder verwünscht werden! Wie wirst du schwelgen, kuppeln, lügen und morden helfen! Wie wirst du rastlos umherirren, durch reine und schmutzige Hände, jahrhundertelang, bis du endlich schuldbeladen und sündenmüd versammelt wirst zu den Deinigen,* um eingeschmolzen zu werden, *vielleicht gar zu einem unschuldigen Teelöffelchen, womit einst mein eignes Ururenkelchen sein liebes Breisüppchen zurechtmatscht.*

Noch am gleichen Tag besuchte Heine *mehrere* Bergleute, *betrachtete ihre kleine häusliche Einrichtung* und *hörte einige ihrer Lieder, die sie mit der Zither, ihrem Lieblingsinstrumente, gar hübsch begleiten.* Zudem *ließ* er sich *alte Bergmärchen ... erzählen und ... die Gebete hersagen, die sie in Gemeinschaft zu halten pflegen, ehe sie in den dunklen Schacht hinuntersteigen ...,* in jene feuchtkalten Bergwerksgruben, wo die Finsternis herrscht und der nackte Fels so nahe ist, dass man ihn anfassen kann, rechts und links, über und unter einem. Man hört das Geräusch des tropfenden Wassers an den Gesteinswänden und sucht mit den Augen nach einem lichten Ausgang, findet ihn aber nicht – und fühlt sich plötzlich eingesperrt.

Doch da ist auch die Faszination, die von dem unterirdischen Reich der Dunkelheit ausgeht, eine Faszination, die auch Heinrich Heine spürte, als er in die Clausthaler Gruben *»Dorothea«* und *»Karolina«* hinabstieg, und ... *aus-*

führlich davon erzählte: *Eine halbe Stunde vor der Stadt gelangt man zu zwei großen schwärzlichen Gebäuden. Dort wird man gleich von den Bergleuten in Empfang genommen. Diese tragen dunkle, gewöhnlich stahlblaue, weite, bis über den Bauch herabhängende Jacken, Hosen von ähnlicher Farbe, ein hinten aufgebundenes Schurzfell und kleine Filzhüte, ganz randlos, wie ein abgekappter Kegel. In eine solche Tracht, bloß ohne Hinterleder, wird* jeder Besucher *ebenfalls eingekleidet,* ehe es per *Grubenlicht* zu *einer dunklen Öffnung* geht, *die wie ein Kaminfegeloch aussieht.* Dort *steigt der Bergmann bis an die Brust hinab, gibt Regeln, wie man sich an den Leitern festzuhalten habe, und bittet, angstlos zu* folgen. Die Sache selbst ist nichts weniger als gefährlich; aber man glaubt es nicht im Anfang, wenn man gar nichts vom Bergwerkswesen versteht. Es gibt schon eine eigene Empfindung, dass man sich ausziehen und die dunkle Delinquententracht anziehen muss.

Und nun soll man auf allen vieren hinabklettern, und das dunkle Loch ist so dunkel, und Gott weiß, wie lang die Leiter sein mag. Aber bald merkt man doch, dass es nicht eine einzige, in die schwarze Ewigkeit hinablaufende Leiter ist, sondern dass es mehrere von fünfzehn bis zwanzig Sprossen sind, deren jede auf ein kleines Brett führt, worauf man stehen kann und worin wieder ein neues Loch nach einer neuen Leiter hinableitet. Ich war zuerst in die Karolina gestiegen. Das ist die schmutzigste und unerfreulichste Karolina, die ich je kennen gelernt habe. Die Leitersprossen sind kotig nass. Und von einer Leiter zur andern geht's hinab, und der Steiger voran, und dieser beteuert immer, es sei gar nicht gefährlich, nur müsse man sich mit den Händen fest an den Sprossen halten, und nicht nach den Füßen sehen, und nicht schwindlig werden, und nur beileibe nicht auf das Seitenbrett treten, wo jetzt das schnurrende Ton-

nenseil heraufgeht, und wo vor vierzehn Tagen, ein unvorsichtiger Mensch sich leider den Hals gebrochen hatte.

Da unten ist ein verworrenes Rauschen und Summen, man stößt beständig an Balken und Seile, die in Bewegung sind, um die Tonnen mit ... Erzen oder ... Wasser heraufzuwinden. Zuweilen gelangt man auch in durchgehauene Gänge, Stollen genannt, wo man das Erz wachsen sieht, und wo der einsame Bergmann den ganzen Tag sitzt und mühsam mit dem Hammer die Erzstücke aus der Wand herausklopft. Bis in die unterste Tiefe ... bin ich nicht gekommen; unter uns gesagt, dort, bis wohin ich kam, schien es mir bereits tief genug: – immerwährendes Brausen und Sausen, unheimliche Maschinenbewegung, unterirdisches Quellengeriesel, von allen Seiten herabtriefendes Wasser, qualmig aufsteigende Erddünste, und das Grubenlicht immer bleicher hineinflimmernd in die einsame Nacht. Wirklich, es war betäubend, das Atmen wurde mir schwer, und mit Mühe hielt ich mich an den glitschigen Leitersprossen. Ich habe keinen Anflug von sogenannter Angst empfunden, aber, seltsam genug empfand Heine es schon.

Also stieg er, nach *Luft schnappend* ... einige Dutzend Leitern wieder in die Höhe, und mein Steiger führte mich durch einen schmalen, sehr langen, in den Berg gehauenen Gang, nach der Dorothea. Hier ist es luftiger und frischer, und die Leitern sind reiner, aber auch länger und steiler als in der Karolina. Hier wurde mir auch besser zumute, besonders, da ich wieder Spuren lebendiger Menschen gewahrte. In der Tiefe zeigten sich nämlich wandelnde Schimmer; Bergleute mit ihren Grubenlichtern kamen allmählich in die Höhe mit dem Gruße »Glück auf!« und mit demselben Wiedergruße von unserer Seite stiegen sie an uns vorüber; und wie eine befreundet ruhige und doch zugleich quälend rätselhafte Erinnerung trafen mich mit ihren tiefsinnig kla-

ren *Blicken die ernstfrommen, etwas blassen und vom Grubenlicht geheimnisvoll beleuchteten Gesichter dieser jungen
und alten Männer, die in ihren dunklen, einsamen Berg-
schachten den ganzen Tag gearbeitet hatten und sich jetzt
hinaufsehnten nach dem ... Tageslicht und nach den Augen
von Weib und Kind.*

Auch Heine war irgendwann froh, als er der Dunkelheit
wieder den Rücken zukehren konnte und ihn *das kleine
Grubenlicht ohne viel Geflacker still und sicher ... aus der
dumpfigen Bergnacht* herausführte, wo *das Sonnenlicht*
strahlte – *Glück auf!*

»Glück auf« hieß es auch im Oberharzer Bergbaumuseum,
das Aaron und ich anderntags in Clausthal-Zellerfeld be-
suchten. Es ist das älteste Bergbaumuseum Deutschlands.
Bereits 1892 wurde es gegründet. Seitdem kamen mehr als
5,5 Millionen Besucher.

Ein junger Guide führte uns durch dreißig Ausstellungs-
räume, die mit umfangreichen Sammlungen die Geschichte
des Oberharzer Bergbaus zeigten: Wir sahen Werkzeuge
und Grubenlampen, Bergmannskleidung und Bohrmaschi-
nen, Mineralien und Münzen. Dazu kam eine mit über 5000
Büchern und Schriften bestückte »Harz-Bibliothek« sowie
das möblierte Wohnzimmer eines Magistratsbeamten von
1840 und eine Bergmannsstube aus dem 19. Jahrhundert.
Das war eine Zeit, in der hart gearbeitet und gut verdient
wurde. Die Bergbauunternehmen wurden reich und die
Städte und die Landesfürsten erst recht. Nur die Bergleute,
die die Gebirgsstöcke in alle Richtungen mit tiefen Gängen
durchzogen, lebten am Existenzminimum.

Tags darauf stiegen wir an gleicher Stelle in ein »Schau-
bergwerk« und gingen auf Entdeckungsreise in jene Zeit,
als man Maschinen noch aus Holz statt aus Eisen oder Stahl

fertigte. Trotz des Schutzhelms hielten wir den Kopf geduckt, als es im Schein der Grubenlampen in einen 250 Meter langen Stollen hineinging, der von dicken Baumstämmen gestützt wurde. Aus Holz war hier auch ein ungewöhnliches Gestänge mit Tritten und Griffen gefertigt, das sich in einem Felsschacht auf und ab bewegte und den Bergleuten einst das Ein- und Ausfahren in die Tiefe erleichterte. Es war eine Art Paternoster, der 1833 in Zellerfeld erfunden wurde.

Hier, tief unter der Erde, dauert es nicht lange, bis man süchtig wird nach frischer Luft und Sonne. Rasch wird einem auch klar, unter welchen unmenschlichen Bedingungen die Bergleute einst arbeiteten. Mit Abbauhammer und Hacke, Spaten und Schaufel plagten sie sich täglich acht bis sechzehn Stunden – bei schlechter Belüftung, geringer Bezahlung und tödlichen Gefahren. Oft schufteten sie in den engen Schächten auch kriechend oder bäuchlings liegend, denn im aufrechten Gang kam man hier nicht weit. Über Jahrhunderte holten sie Millionen von Tonnen an Erzen und Kohle aus der Erde und sorgten für großen Wohlstand. Doch als Anfang des 20. Jahrhunderts viele Gruben schlossen, blieben der Dank und das Mitgefühl der Gesellschaft weitgehend aus.

Manche Grubeneingänge kann man heute nicht einmal mehr finden. Büsche und Bäume haben den einstigen Stolz einer ganzen Region überwuchert.

Eine mondhelle Nacht
in Goslar

Nach Goslar kam Heinrich Heine, *ohne zu wissen wie.* Daher notierte er nur wenige Worte auf seinem Weg in die mittelalterliche Kaiserstadt: *Nur soviel kann ich mich erinnern: ich schlenderte wieder bergauf, bergab; schaute hinunter in manches hübsche Wiesental; silberne Wasser brausten, süße Waldvögel zwitscherten, die Herdenglöckchen läuteten, die mannigfaltig grünen Bäume wurden von der lieben Sonne goldig angestrahlt, und oben war die blauseidene Decke des Himmels so durchsichtig, dass man tief hineinschauen konnte ...*

Und wir?

Auch wir setzten wieder einen Fuß vor den anderen und wanderten beschwingt in Richtung Goslar. Es ging durch welliges Land, das manchmal wie ein hügeliger Teppich in Grün und Braun wirkte. Felder wechselten mit Wiesen. Dann gab es wieder schöne Waldwege, wo runzelige Bäume wie Säulen standen. Andere lagen am Boden, und aus den zerfallenen Rindenkörpern traten schon junge Schösslinge hervor. Im blättergefilterten Licht roch es nach Moos, Harz und Bärlauch. Alles war friedlich und still. Selbst unsere Schritte wurden von dem weichen Boden verschluckt.

Und plötzlich hatte ich das Gefühl, als würde von diesen Bäumen und dieser Stille etwas Magisches ausgehen, eine Art geheimnisvoller Widerhall. So wie Menschen früher mystischen Orten im Wald ihre Verehrung darbrachten. Ein verwirrendes, aber schönes Gefühl, ein Hineingezogenwerden, ohne dass man selber etwas dazu beiträgt. Mir kamen hier die Worte des amerikanischen Naturdichters Henry David Thoreau in den Sinn, der einmal schrieb: »Ich glaube, meine Seele muss ein helles, unsichtbares Grün sein.«

In diesem verwunschenen Wald, wo heute noch Fuchs, Dachs, Baummarder, Hermelin, Mauswiesel und Siebenschläfer zu Hause sind, lebten in früheren Jahrhunderten noch Luchse und Wölfe, die bis zum Jahr 1818 ausgerottet wurden. Erst 1999 entließ man hier siebzehn Luchse zur Wiederansiedlung in die freie Wildbahn. Als Wanderer bekommt man die bis zu 75 Zentimeter großen Katzen allerdings nur selten zu Gesicht, denn nur bei Nacht verlassen sie ihre Verstecke.

Zudem entdeckte Aaron auf unserem Weg nach Goslar eine Menge Eichhörnchen, die sich im Harz mit einem dunkleren Pelz tarnen als im Flachland. Auch spürte er einige Rehe auf, sah einen Specht und erkundete wilde Brombeerranken und abenteuerliche Pilzwucherungen. Von Tag zu Tag entwickelte er sich mehr und mehr zum Waldläufer, der trotz vieler Weggabelungen nie die Orientierung verlor.

Gegen Mittag rasteten wir auf einem Stück Wiese, lagen mit aufgeschnürten Stiefeln im hohen Gras, das frisch und erdig roch. Mein Körper dampfte im leichten Wind, und durch das verschwitzte Hemd spürte ich die Kühle des Bodens. Ich fühlte mich pudelwohl und beobachtete einige Marienkäfer, Ameisen und Grashüpfer, die, ganz dicht vor meinem Gesicht, riesengroß wirkten.

Aaron schaute indessen zum Himmel hinauf, wo mächtige weiße Wolken über das makellose Blau zogen. Durch seine Kopfhörer rauschte rockige Musik, während er staunend in die Weite blickte, wie man eben Dinge anstarrt, die so viel größer sind als man selbst.

Jeden Tag lernte Aaron etwas Neues: Auf den unbefestigten, mitunter beschwerlichen Waldwegen lernte er nicht nur neu zu gehen, sondern auch neu zu sehen und neu zu fühlen. Ich zeigte ihm, dass es guttut, einen Baum zu umarmen oder mit Felsblöcken und Flüssen zu sprechen. Er erfuhr, wie es sich anfühlt, wenn am Abend nicht Sinne oder Nerven erschöpft sind, sondern Muskeln und Körper. Zudem entdeckte er all die unverpackten Geschenke der Natur: die Vielfalt der Bäume, Gräser und Kräuter, die unbekümmerte Tierwelt, das glasklare Wasser der Bäche, das er mit den zum Kelch geschlossenen Händen zum Mund führte – und die Stille des Waldes, die ihm als Großstadtmensch fast unwirklich erschien.

Selbst die sogenannten kleinen Dinge des Lebens, jenseits von Computer, Internet und Videospiel, machten ihm einen Riesenspaß: das Wandern durch morastige Wiesen, das Essenmachen auf dem Gaskocher, das Schlafen unter freiem Himmel. Vor allem wurde er ein »Lichtjäger« und machte es sich zur Gewohnheit, der Farbenpracht des Himmels nachzujagen. Er mochte es, die Sonnenauf- und Sonnenuntergänge zu beobachten, wenn der klare blaue Himmel sich in feurigem Orange oder mit rosa Streifen zeigte.

Er konnte gar nicht genug davon bekommen.

Hinter dem kleinen Ort Auerhahn, wo wir keinen einzigen Menschen antrafen, stiegen wir über die Ausläufer des 726 Meter hohen Bocksbergs und kamen zur B241, einer dicht befahrenen Landstraße, wo uns donnernde Lkws und Sattelschlepper zur Weißglut brachten. Wir erlebten Augenblicke, in denen uns das Zu-Fuß-Gehen als halber Selbstmord erschien. Es war, als würden sich manche Autofahrer geradezu einen Sport daraus machen, den Fußgängern das Gehen abzugewöhnen.

Gleichwohl spulten wir unsere Kilometer weiter ab. Selbst als es zu regnen begann, folgten wir unbeirrt den Kurven der nassen Asphaltstrecke, die sich durch ausgedehnte Waldstücke wand. Oft spritzten uns Fahrzeuge nass, und manchmal mussten wir sogar vom Rand der Fahrbahn in den matschigen Seitenstreifen ausweichen, in Büsche oder Gräben springen, um vom heftigen Fahrtwind der Lkws nicht umgeworfen zu werden. Dazu kamen die kalten Regenböen, der Gestank von Benzin und die rutschige Serpentinenstraße, die wir vorsichtig hinabstiegen, während die Landschaft hinter einem rauschenden Regenvorhang versank.

Was Wunder, dass wir uns auf ein weiches Landgasthausbett in Goslar freuten, in dem wir am Abend versinken wollten.

Schließlich erreichten wir Goslar. Für Heinrich Heine *ein Nest mit ... schmalen, labyrinthisch krummen Straßen ...* wo das *Pflaster, so holprig wie Berliner Hexameter* war. Mittendurch floss *ein kleines Wasser, wahrscheinlich die Gose ... Nur die Altertümlichkeiten der* Stadt, *nämlich Reste von Mauern, Türmen und Zinnen,* gaben Goslar *etwas Pikantes. Einer dieser Türme, der Zwinger genannt, hat so dicke Mauern, dass ganze Gemächer darin ausgehauen sind,* schrieb Heine. *Der Platz vor der Stadt, wo der weitberühmte Schützenhof gehalten wird, ist eine schöne große Wiese, ringsum hohe Berge. Der Markt ist klein, in der Mitte steht ein Springbrunnen, dessen Wasser sich in ein großes Metallbecken ergießt. Bei Feuersbrünsten wird einige Mal daran geschlagen; es gibt dann einen weitschallenden Ton. Man weiß nichts vom Ursprung dieses Beckens. Einige sagen, der Teufel habe es einst, zur Nachtzeit, dort auf den Markt hingestellt. Damals waren die Leute noch*

dumm, und der Teufel war auch dumm, und sie machten
sich wechselseitig Geschenke.

Das Rathaus zu Goslar ist eine weiß angestrichene
Wachstube. Das daneben stehende Gildenhaus hat schon
ein besseres Ansehen. Ungefähr von der Erde und vom
Dach gleich weit entfernt stehen da die Standbilder deut-
scher Kaiser, räucherig schwarz und zum Teil vergoldet, in
der einen Hand das Zepter, in der andern die Weltkugel;
sehen aus wie gebratene Universitätspedelle. Einer dieser
Kaiser hält ein Schwert statt des Zepters. Ich konnte nicht
erraten, was dieser Unterschied sagen soll; und es hat doch
gewiss seine Bedeutung, da die Deutschen die merkwürdige
Gewohnheit haben, dass sie bei allem, was sie tun, sich auch
etwas denken.

In Gottschalks »Handbuch« hatte ich von dem uralten
Dom und von dem berühmten Kaiserstuhl zu Goslar viel
gelesen. Als ich aber beides besehen wollte, sagte man mir:
der Dom sei niedergerissen und der Kaiserstuhl nach Berlin
gebracht worden. … Einige Merkwürdigkeiten des seligen
Doms sind jetzt in der Stephanskirche aufgestellt. Glas-
malereien, die wunderschön sind, einige schlechte Gemälde,
worunter auch ein Lukas Cranach sein soll, ferner ein höl-
zerner Christus am Kreuz und ein heidnischer Opferaltar
aus unbekanntem Metall; er hat die Gestalt einer länglich
viereckigen Lade und wird von Karyatiden getragen, die, in
geduckter Stellung, die Hände stützend über dem Kopfe
halten und unerfreulich hässliche Gesichter schneiden.

Regennass glänzten die Fachwerk- und Schieferfassaden in
der Sonne, als wir durch die Altstadt von Goslar spazierten.
Die schweren Wolkenbänke des vergangenen Tages hatten
sich verzogen, und der Himmel klarte immer mehr auf,
wodurch um uns herum die alte Hansestadt Goslar sicht-

bar wurde und ihr Lokalkolorit entfaltete – mit Kirche, Rathaus, Marktflecken, Kopfsteinpflaster, burgähnlichen Stadttoren, verwinkelten Gassen, schiefen Giebelhäusern, buntem Fassadenschmuck, prachtvollen Schnitzreliefs, kleinen Geschäften und viel altem Fachwerk. Noch heute stehen auf einer Fläche von nur einem Quadratkilometer 168 Bauwerke aus dem Mittelalter sowie weitere tausend gut erhaltene historische Häuser. Goslar steckt voller geschichtlicher Erinnerungen: Schon in früheren Zeiten galt es als die eigentliche Hauptstadt des Heiligen Römischen Reiches, und unter Kaiser Heinrich II. wurde es nach der Entdeckung des Silbers um 1010 zur Kaiserpfalz erhoben.

Die Kaiserpfalz gilt heute als größter weltlicher Bau der deutschen Romanik. Das Hauptgebäude misst 50 mal 17 Meter und wird von zwei steinernen Nachbildungen des Braunschweiger Löwen sowie den mächtigen Reiterstandbildern von Kaiser Wilhelm I. und Friedrich Barbarossa bewacht. Hier bezogen Deutschlands Wanderkaiser Quartier und hielten insgesamt dreiundzwanzig Reichstage ab, den letzten davon im 13. Jahrhundert unter dem Stauferkaiser Friedrich II.

Nur ein paar Steinwürfe weiter trafen wir auf die Gose, einen kleinen Fluss mit naturbelassenem Steinbett, dessen sprudelndem Wasserlauf wir eine ganze Weile folgten. Wir überquerten viele kleine Brücken, passierten gediegene Wohnhäuser mit winzigen Gärten, sahen das letzte erhaltene hölzerne Wasserrad, das sich plätschernd drehte, und erlebten ein Stück Goslar, still und beschaulich, abseits aller touristischen Sehenswürdigkeiten.

Dann stiegen wir zur Turmspitze der Marktkirche St. Cosmas und Damian hinauf und schauten zum berühmten Rammelsberg hinüber, dessen Erzvorkommen – mit

Spuren von Silber und Gold – mehr als tausend Jahre lang die wichtigste Einnahmequelle Goslars war. Im Juni 1988 wurde der letzte mit Erz gefüllte Förderwagen aus dem Berg gefahren, die Werksanlagen stillgelegt und zu einem Museum umgewandelt. Noch heute gilt die letzte Erzlore, die der Verpackungskünstler Christo in gelb-braune Stoffbahnen wickelte, als faszinierender Blickfang des Bergbaumuseums.

Nur ein paar Jahre später, 1992, erklärte die UNESCO, die Kulturorganisation der Vereinten Nationen, den Rammelsberg sowie die »vom Bergbau geprägte« Altstadt Goslars zum gemeinsamen Erbe der Menschheit. Seither steht die »Rammelsberger Bergbauanlage« auf einer Stufe mit der Chinesischen Mauer, dem Tempel von Angkor oder den Pyramiden von Gizeh.

Im betriebsamen Zentrum von Goslar, am strahlenförmig gepflasterten Marktplatz, der in der Mittagssonne ruhte, ließen wir unseren zweistündigen Rundgang in einem Café ausklingen. Unter bunten Sonnenschirmen verspeisten wir riesige Windbeutel mit Heidelbeeren und sahen zum Renaissance-roten Hotel »Kaiserworth« hinüber, das bereits 1494 als Gildehaus für die Tuchhändler und Gewandschneider erbaut worden war. Heinrich Heine hatte es bei seinem Besuch in Goslar ebenso in Augenschein genommen wie den 800 Jahre alten Marktbrunnen aus Bronze, der gegenüber steht und auf dessen Spitze das Wahrzeichen Goslars thront: ein kugelrunder, vergoldeter Reichsadler mit Kaiserkrone und ausgebreiteten Schwingen, ein Symbol der reichen Vergangenheit, finanziert durch die Bodenschätze des Harzer Bergbaus.

Nicht weit vom Marktplatz in Goslar *logierte* Heinrich Heine *in einem Gasthofe …* Vom Fenster seines Zimmers bot sich ihm eine herrliche Aussicht zum Rammelsberg. Es war bereits weit nach Sonnenuntergang. Und die *Nacht jagte auf ihrem schwarzen Rosse* dahin, *und die langen Mähnen flatterten im Winde.* Heine *betrachtete den Mond* und fragte sich: *Gibt es wirklich einen Mann im Monde? Die Slawen sagen, er heiße Clotar, und das Wachsen des Mondes bewirke er durch Wasseraufgießen.*

Als ich noch klein war, berichtete Heine aus seiner Kindheit, *hatte ich gehört: der Mond sei eine Frucht, die, wenn sie reif geworden, vom lieben Gott abgepflückt und zu den übrigen Vollmonden in den großen Schrank gelegt werde, der am Ende der Welt steht, wo sie mit Brettern zugenagelt ist. Als ich größer wurde, bemerkte ich, dass die Welt nicht so eng begrenzt ist, und dass der menschliche Geist die hölzernen Schranken durchbrochen und mit einem riesigen Petrischlüssel, mit der Idee der Unsterblichkeit, alle sieben Himmel aufgeschlossen hat. Unsterblichkeit! Schöner Gedanke! Wer hat dich zuerst erdacht?*

In *die weite Nacht* hinausschauend, nahm Heine den starken Duft der Gartenblumen unter seinem Fenster wahr und schrieb: *Düfte sind die Gefühle der Blumen, und wie das Menschenherz in der Nacht, wo es sich einsam und unbelauscht glaubt, stärker fühlt, so scheinen auch die Blumen, sinnig verschämt, erst die umhüllende Dunkelheit zu erwarten, um sich gänzlich ihren Gefühlen hinzugeben und sie auszuhauchen in süßen Düften.*

In jener Nacht, die Heine *in Goslar zubrachte,* begegnete ihm *etwas höchst Seltsames,* das er ausführlich zu Papier brachte: *Noch immer kann ich nicht ohne Angst daran zurückdenken,* schrieb er. *Ich bin von Natur nicht ängstlich, und Gott weiß, dass ich niemals eine sonderliche Be-*

klemmung empfunden habe, wenn z.B. eine blanke Klinge
mit meiner Nase Bekanntschaft zu machen suchte, … aber
vor Geistern fürchte ich mich … Augenblicke, in denen
Heine sich fragte: *Was ist Furcht? Kommt sie aus dem Ver-*
stande oder aus dem Gemüt?

Was war geschehen?

In der mondhellen Nacht zu Goslar *bewegten sich*
an *der Wand* von Heines Zimmer mit einem Male *allerlei*
Schatten, und als er sich *im Bett aufrichtete, um hinzuse-*
hen, erblickte er … *das eigene Gesicht zufällig im Spiegel …*
In demselben Augenblick schlug eine schwerfällig, gäh-
nende Glocke, und zwar so lang und langsam, dass ich nach
dem zwölften Glockenschlage sicher glaubte, es seien unter-
dessen volle zwölf Stunden verflossen, und es müsste wieder
von vorn anfangen, zwölf zu schlagen. Zwischen dem vor-
letzten und letzten Glockenschlage schlug noch eine andere
Uhr, sehr rasch, fast keifend grell … Als beide eisernen Zun-
gen schwiegen und tiefe Todesstille im ganzen Hause
herrschte, war es mir plötzlich, als hörte ich auf dem Korri-
dor, vor meinem Zimmer, etwas schlottern und schlappen,
wie der unsichere Gang eines alten Mannes. Endlich öffnete
sich meine Tür, und langsam trat herein der verstorbene
Doktor Saul Ascher.

Den Berliner Buchhändler, Publizisten und Philosophen
(1767–1822), der ein Vertreter des kantischen Idealismus
und ein Gegner der Romantik war, hatte Heine während
seiner Berliner Studienzeit kennengelernt. Ascher, mit dem
Heine zuweilen im »Café Royal« beim Mittagstisch gesessen hatte, war damals ein Mann *tief in den Fünfzigern*, mit
einem *schroffen, frierend kalten Gesichte, das einem Lehr-*
buche der Geometrie als Kupfertafel dienen konnte. Und
mit seinen abstrakten Beinen und *seinem engen, transzen-*
dentalgrauen Leibrock trat er nun auf einmal mitten in das

mondbeschienene Zimmer in Goslar. *Ein kaltes Fieber rieselte* Heine *durch Mark und Bein, er zitterte wie Espenlaub, und kaum wagte er das Gespenst anzusehen … Schwankend und wie sonst sich auf sein spanisches Röhrchen stützend, näherte* Doktor Ascher *sich* Heine, *und in seinem gewöhnlichen mundfaulen Dialekt sprach er freundlich: »Fürchten Sie sich nicht, und glauben Sie nicht, dass ich ein Gespenst sei. Es ist Täuschung Ihrer Phantasie, wenn Sie mich als Gespenst zu sehen glauben. Was ist ein Gespenst? Geben Sie mir eine Definition? Deduzieren Sie mir die Bedingungen der Möglichkeit eines Gespenstes? In welchem vernünftigen Zusammenhang stände eine solche Erscheinung mit der Vernunft? Die Vernunft, ich sage die Vernunft.« – Und nun schritt das Gespenst zu einer Analyse der Vernunft, zitierte* Kants *»Kritik der reinen Vernunft«, … setzte einen Syllogismus auf den anderen und schloss mit dem logischen Beweise: dass es durchaus keine Gespenster gibt. Mir unterdessen lief der kalte Schweiß über den Rücken, meine Zähne klapperten wie Kastagnetten, aus Seelenangst nickte ich unbedingte Zustimmung bei jedem Satz, womit der spukende Doktor die Absurdität aller Gespensterfurcht bewies, und derselbe demonstrierte so eifrig, dass er einmal in der Zerstreuung statt seiner goldenen Uhr eine Handvoll Würmer aus der Uhrtasche zog und, seinen Irrtum bemerkend, mit possierlich ängstlicher Hastigkeit wieder einsteckte. »Die Vernunft ist das höchste –« da schlug die Glocke eins, und das Gespenst verschwand.*

Aufstieg
zur Harzburg

Auf stumpfem Asphalt wanderten wir bei herrlichstem Wetter von Goslar nach Bad Harzburg, eine Strecke von zehn bis zwölf Kilometern, die uns über Ocker, Göttingerode und Bundheim führte. Der Text von Heinrich Heines »Harzreise« ging mir dabei ständig durch den Kopf. Er hatte Goslar damals ebenfalls bei schönstem *Sonntagswetter* verlassen – *halb aufs Geratewohl, halb in der Absicht, den Bruder* eines *Clausthaler Bergmanns aufzusuchen.* So *bestieg* Heine *Hügel und Berge* und schrieb sich in eine wahre Naturbegeisterung hinein: Ich *betrachtete, wie die Sonne den Nebel zu verscheuchen suchte, wanderte freudig durch die schauernden Wälder, und um mein träumendes Haupt klingelten die Glockenblümchen von Goslar. In ihren weißen Nachtmänteln standen die Berge, die Tannen rüttelten sich den Schlaf aus den Gliedern, der frische Morgenwind frisierte ihnen die herabhängenden, grünen Haare, die Vöglein hielten Betstunde, das Wiesental blitzte wie eine diamantenbesäte Golddecke, und der Hirt schritt darüber hin mit seiner läutenden Herde.*

Irgendwann glaubte Heine, er *mochte … sich verirrt haben. Man schlägt immer Seitenwege und Fußsteige ein und glaubt dadurch näher zum Ziele zu gelangen. Wie im Leben überhaupt, geht's uns auch auf dem Harze. Aber es gibt immer gute Seelen, die uns wieder auf den rechten Weg bringen; sie tun es gern und finden noch obendrein ein besonderes Vergnügen daran, wenn sie uns mit selbstgefälliger Miene und wohlwollend lauter Stimme bedeuten: welche große Umwege wir gemacht, in welche Abgründe und*

Sümpfe wir versinken konnten, und welch ein Glück es sei,
dass wir so wegkundige Leute, wie sie sind, noch zeitig an-
getroffen. Einen solchen Berichtiger fand ich unweit der
Harzburg, über den Heine in spöttelndem Ton erzählte:
Es war ein wohlgenährter Bürger von Goslar, der sich beim
gemeinsamen Wandern als Nervensäge entpuppte. Einer,
dessen *glänzend wampiges, dummkluges Gesicht* den Eindruck erweckte, *als habe er die Viehseuche erfunden.*

Wir gingen eine Strecke zusammen, und er erzählte mir
allerlei Spukgeschichten, die hübsch klingen konnten, wenn
sie nicht alle darauf hinaus liefen, dass es doch kein wirk-
licher Spuk gewesen, sondern dass die weiße Gestalt ein
Wilddieb war, und dass die wimmernden Stimmen von den
eben geworfenen Jungen einer Bache (wilden Sau), und das
Geräusch auf dem Boden von der Hauskatze herrührte.
Nur wenn der Mensch krank ist, setzte er hinzu, glaubt er
Gespenster zu sehen; was aber seine Wenigkeit anbelangte,
so sei er selten krank, nur zuweilen leide er an Hautübeln,
und dann kuriere er sich jedes Mal mit nüchternem Speichel.
Er machte mich auch aufmerksam auf die Zweckmäßigkeit
und Nützlichkeit in der Natur. Die Bäume sind grün, weil
grün gut für die Augen ist. Ich gab ihm recht und fügte
hinzu, dass Gott das Rindvieh erschaffen hatte, *weil Fleisch-*
suppen den Menschen stärken, dass er die Esel erschaffen
hatte, *damit sie den Menschen zu Vergleichungen dienen*
können, und dass er den Menschen selbst erschaffen hatte,
damit er Fleischsuppen essen und kein Esel sein soll. Mein
Begleiter war entzückt, einen Gleichgestimmten gefunden
zu haben, sein Antlitz erglänzte noch freudiger, und bei
dem Abschiede war er gerührt.

Solange er neben mir ging, war gleichsam die ganze
Nacht entzaubert, sobald er aber fort war, fingen die Bäume
wieder an zu sprechen, und die Sonnenstrahlen erklangen,

und die Wiesenblümchen tanzten, und der blaue Himmel umarmte die grüne Erde.

Nach einem langen Hin- und Herwandern gelangte Heine schließlich *zu der Wohnung des Bruders* seines *Clausthaler* Bergmann-*Freundes*, wo er *übernachtete* und zu einem wort- und bilderreichen Gedicht inspiriert wurde:

I

Auf dem Berg steht die Hütte,
Wo der alte Bergmann wohnt;
Dorten rauscht die grüne Tanne
Und erglänzt der goldne Mond.

In der Hütte steht ein Lehnstuhl,
Reich geschnitzt und wunderlich,
Der darauf sitzt, der ist glücklich,
Und der Glückliche bin ich!

Auf dem Schemel sitzt die Kleine,
Stützt den Arm auf meinen Schoß;
Äuglein wie zwei blaue Sterne,
Mündlein wie die Purpurros'.

Und die lieben, blauen Sterne
Schaun mich an so himmelgroß,
Und sie legt den Lilienfinger
Schalkhaft auf die Purpurros'.

Nein, es sieht uns nicht die Mutter,
Denn sie spinnt mit großem Fleiß,
Und der Vater spielt die Zither,
Und er singt die alte Weis'.

Und die Kleine flüstert leise,
Leise, mit gedämpftem Laut;
Manches wichtige Geheimnis
Hat sie mir schon anvertraut.

»Aber seit die Muhme tot ist,
Können wir ja nicht mehr gehn
Nach dem Schützenhof zu Goslar,
Und dort ist es gar zu schön.

Hier dagegen ist es einsam
Auf der kalten Bergeshöh',
Und des Winters sind wir gänzlich
Wie vergraben in dem Schnee.

Und ich bin ein banges Mädchen,
Und ich fürcht mich wie ein Kind
Vor den bösen Bergesgeistern,
Die des Nachts geschäftig sind.«

Plötzlich schweigt die liebe Kleine,
Wie vom eignen Wort erschreckt,
Und sie hat mit beiden Händchen
Ihre Äugelein bedeckt.

Lauter rauscht die Tanne draußen,
Und das Spinnrad schnarrt und brummt,
Und die Zither klingt dazwischen,
Und die alte Weise summt:

»Fürcht' dich nicht, du liebes Kindchen,
Vor der bösen Geister Macht;
Tag und Nacht, du liebes Kindchen,
Halten Englein bei dir Wacht!«

II

Tannenbaum mit grünen Fingern
Pocht ans niedre Fensterlein,
Und der Mond, der gelbe Lauscher,
Wirft sein süßes Licht herein.

Vater, Mutter schnarchen leise
In dem nahen Schlafgemach,
Doch wir beide, selig schwatzend,
Halten uns einander wach.

»Dass du gar zu oft gebetet,
Das zu glauben wird mir schwer,
Jenes Zucken deiner Lippen
Kommt wohl nicht vom Beten her.

Jenes böse, kalte Zucken,
Das erschreckt mich jedes Mal,
Doch die dunkle Angst beschwichtigt
Deiner Augen frommer Strahl.

Auch bezweifl' ich, dass du glaubest,
Was so rechter Glauben heißt,
Glaubst wohl nicht an Gott den Vater,
An den Sohn und Heil'gen Geist?«

Ach, mein Kindchen, schon als Knabe,
Als ich saß auf Mutters Schoß,
Glaubte ich an Gott den Vater,
Der da waltet gut und groß;

Der die schöne Erd' erschaffen,
Und die schönen Menschen drauf,
Der den Sonnen, Monden, Sternen
Vorgezeichnet ihren Lauf.

Als ich größer wurde, Kindchen,
Noch viel mehr begriff ich schon
Und begriff und ward vernünftig,
Und ich glaub auch an den Sohn;

An den lieben Sohn, der liebend
Uns die Liebe offenbart
Und zum Lohne, wie gebräuchlich,
Von dem Volk gekreuzigt ward.

Jetzo, da ich ausgewachsen,
Viel gelesen, viel gereist,
Schwillt mein Herz, und ganz von Herzen
Glaub ich an den Heil'gen Geist.

Dieser tat die größten Wunder,
Und viel größre tut er noch;
Er zerbrach die Zwingherrnburgen
Und zerbrach des Knechtes Joch.

Alte Todeswunden heilt er
Und erneut das alte Recht:
Alle Menschen, gleichgeboren,
Sind ein adliges Geschlecht.

Er verscheucht die bösen Nebel
Und das dunkle Hirngespinst,
Das uns Lieb' und Lust verleidet,
Tag und Nacht uns angegrinst.

Tausend Ritter, wohlgewappnet,
Hat der Heil'ge Geist erwählt,
Seinen Willen zu erfüllen,
Und er hat sie mutbeseelt.

Ihre teuern Schwerter blitzen,
Ihre guten Banner wehn!
Ei, du möchtest wohl, mein Kindchen,
Solche stolze Ritter sehn?

Nun, so schau mich an, mein Kindchen,
Küsse mich und schaue dreist;
Denn ich selber bin ein solcher
Ritter von dem Heil'gen Geist.

III

Still versteckt der Mond sich draußen
Hinterm grünen Tannenbaum,
Und im Zimmer unsre Lampe
Flackert matt und leuchtet kaum.

Aber meine blauen Sterne
Strahlen auf in hellerm Licht,
Und es glüht die Purpurrose,
Und das liebe Mädchen spricht:

»Kleine Völkchen, Wichtelmännchen
Stehlen unser Brot und Speck,
Abends ist es noch im Kasten,
Und des Morgens ist es weg.

Kleines Völkchen, unsre Sahne
Nascht es von der Milch und lässt
Unbedeckt die Schlüssel stehen,
Und die Katze säuft den Rest.

Und die Katz' ist eine Hexe,
Denn sie schleicht bei Nacht und Sturm
Drüben nach dem Geisterberge,
Nach dem altverfallnen Turm.

Dort hat einst ein Schloss gestanden,
Voller Lust und Waffenglanz;
Blanke Ritter, Fraun und Knappen
Schwangen sich im Fackeltanz.

Da verwünschte Schloss und Leute
Eine böse Zauberin,
Nur die Trümmer blieben stehen,
Und die Eulen nisten drin.

Doch die sel'ge Muhme sagte:
»Wenn man spricht das rechte Wort
Nächtlich zu der rechten Stunde,
Drüben an dem rechten Ort,

So verwandeln sich die Trümmer
Wieder in ein helles Schloss,
Und es tanzen wieder lustig
Ritter, Fraun und Knappentross;

Und wer jenes Wort gesprochen,
Dem gehören Schloss und Leut',
Pauken und Trompeten huld'gen
Seiner jungen Herrlichkeit.«

Also blühen Märchenbilder
Aus des Mundes Röselein,
Und die Augen gießen drüber
Ihren blauen Sternenschein.

Ihre goldnen Haare wickelt
Mir die Kleine um die Händ',
Gibt den Fingern hübsche Namen,
Lacht und küsst und schweigt am End',

Und im stillen Zimmer alles
Blickt mich an so wohlvertraut;
Tisch und Schrank, mir ist, als hätt' ich
Sie schon früher mal geschaut.

Freundlich ernsthaft schwatzt die Wanduhr,
Und die Zither, hörbar kaum,
Fängt von selber an zu klingen,
Und ich sitze wie im Traum.

Jetzo ist die rechte Stunde,
Und es ist der rechte Ort;
Staunen würdest du, mein Kindchen,
Spräch' ich aus das rechte Wort.

Sprech ich jenes Wort, so dämmert
Und erbebt die Mitternacht,
Bach und Tannen brausen lauter,
Und der alte Berg erwacht.

Zitherklang und Zwergenlieder
Tönen aus des Berges Spalt,
Und es sprießt wie 'n toller Frühling
Draus hervor ein Blumenwald.

Blumen, kühne Wunderblumen.
Blätter, breit und fabelhaft,
Duftig bunt und hastig regsam,
Wie gedrängt von Leidenschaft.

Rosen, wild wie rote Flammen,
Sprühn aus dem Gewühl hervor;
Lilien, wie kristallne Pfeiler,
Schießen himmelhoch empor.

Und die Sterne, groß wie Sonnen,
Schaun herab mit Sehnsuchtglut;
In der Lilien Riesenkelche
Strömet ihre Strahlenflut.

Doch wir selber, süßes Kindchen,
Sind verwandelt noch viel mehr;
Fackelglanz und Gold und Seide
Schimmern lustig um uns her.

Du, du wurdest zur Prinzessin,
Diese Hütte ward zum Schloss,
Und da jubeln und da tanzen
Ritter, Fraun und Knabentross.

Aber ich, ich hab erworben
Dich und alles, Schloss und Leut';
Pauken und Trompeten huld'gen
Meiner jungen Herrlichkeit!

Tags darauf zog Heine in Richtung Brocken weiter. Und während ihm *die schöne Sonne immer neue Schönheiten* zeigte, überfielen uns in Bad Harzburg starke Wolkenbrüche. Es schüttete so heftig, dass wir nicht einmal unser Zelt verlassen mochten. Einen Tag und eine Nacht lang lagen wir auf den Schlafsäcken und nutzten die Zeit zum Klönschnack, schrieben Tagebuch, lasen, hörten Kassetten oder versuchten, Lecks im Zeltboden abzudichten, während unser Bewegungsradius auf ganze zwei mal zwei Meter begrenzt war.

Problematisch war diese Enge nur in der Nacht, wenn sich Aaron traumgebeutelt im Schlafsack hin und her wälzte. Oft hatte ich dann einen seiner Arme im Gesicht, sodass ich kaum Schlaf fand und auf den Regen horchte, der in Intervallen auf das Planendach unseres Schneckenhauses trommelte.

Am nächsten Morgen weckten uns laute Kinderstimmen. Und während wir uns den Schlaf aus den Augen rieben, schlugen draußen schon munter die Autotüren, tuckerten Generatoren, klapperte Frühstücksgeschirr.

Und das Wetter?

Wir mochten es kaum glauben: Sonnenlicht schien auf das Zeltdach. Kein Regen, kein Wind. Rasch krochen wir aus dem Biwak und schauten zum Himmel, wo sich zarte Federwölkchen langsam über eine riesengroße blaue Fläche schoben. Die Luft war sommerlich warm, und kühler Tau lag glitzernd im Gras.

Neben Sonnenschirm, Partygrill, Propangaskocher und Satellitenantenne blühten Löwenzahn und Gänseblümchen. Menschen in bunten Trainingsanzügen, die Kulturtaschen und Toilettenpapier unter den Arm geklemmt hatten, spazierten zwischen Wohnwagenstraßen. Es herrschten Campingfreude und Ferienfrieden.

»Endlich blau statt grau«, sagte ich und begann zu pfeifen. »Gib mir fünf«, rief Aaron und streckte mir seine rechte Hand entgegen.

Lachend schlug ich ein, mit der Gewissheit, dass es heute ein wunderschöner Tag werden würde.

Eine halbe Stunde später aßen wir bei Bäcker Koch belegte Brötchen und frischen Obstkuchen. Dazu gab es Kakao und Kaffee. Anschließend spazierten wir ins Zentrum von Bad Harzburg, wo Aaron im Kurpark mit Pensionären Schach spielte. Drei Stunden lang versetzte er überdimensionale Figuren auf einer Spielfläche von vier mal vier Metern. Ich bummelte indes durch die Fußgängermeile, sah elegante Jugendstilvillen und gesichtslose Häuserblocks, die sich mit alten Hotelbauten abwechselten, deren vorgebaute Holzbalkone mit bunten Blumenarrangements bestückt waren.

Zur Zeit Heinrich Heines war Harzburg noch kein heilklimatisches Kurbad. Damals verfügte der Ort nur über eine Salzwasserquelle, die der Herzog von Braunschweig im 16. Jahrhundert zur Salzgewinnung erschließen ließ. Erst 1892, als man hier über sieben Heilquellen verfügte, denen die Stadt ihren Aufstieg in die erste Reihe europäischer Kurbäder verdankte, erhielt Harzburg jenes staatliche Prädikat, das einen Ort zum Heilbad macht.

Gegen Ende des 19. Jahrhunderts wandelte sich Bad Harzburg zu einem piekfeinen Treffpunkt des deutschen Hochadels und der Prominenz, wo die weltweit erste medizinische Badeeinrichtung mit Heilbrunnen-Ausschank eröffnet wurde. In der klassizistischen Trink- und Wandelhalle des Kurparks sprudeln noch heute drei Heilquellen.

Gleichwohl erlebte ich Bad Harzburg eher als einen betulichen Kurort mit Straßencafés, Restaurants, Boutiquen, figürlichen Blumenbeeten und glucksendem Bächlein. Internationales Flair wird hier nur Ende Juli geboten, zur Galopprennwoche, wenn die Pferde auf Deutschlands vermutlich schönster Rennbahn um die Wette laufen und die Stadt an den Glanz vergangener Zeiten erinnert.

Am Stadtrand von Bad Harzburg, wo sich die Talstation der Großkabinenseilbahn befindet, die zum 482 Meter hohen Burgberg fährt, begannen wir anderntags mit dem Aufstieg zum Brocken. Über eine Fußgängerbrücke passierten wir die B4, auf der sich endlose Blechkolonnen lärmend durch den Harz schoben. Wir waren froh, als wir in einen Buchen-Eichen-Fichten-Wald eintauchten und dem »Herzogsweg« zum »Großen Burgberg« hinauf folgten.

Zwei Stunden brauchten wir für vier Kilometer. Dann hatten wir einen grandiosen Ausblick auf das ganze nördliche Harzvorland.

Nach einer Weile des Verschnaufens streiften wir zwischen den restaurierten Ruinen der geschichtsträchtigen Harzburg umher, die zwischen dichtem Baum- und Buschwerk angeordnet waren. Dabei tauchten wir aber nicht wirklich in die Vergangenheit ein. Zu fern war die Historie der einstigen Festung, die Heinrich IV. um das Jahr 1065, zum Schutz der Kaiserpfalz in Goslar, errichten ließ. Nur wenige Jahre später wurde sie von aufständischen sächsischen Fürsten niedergerissen und im 17. Jahrhundert endgültig zerstört. Was blieb, war eine steinerne Brücke, die Reste eines Burgtores, eines Palais und eines runden Turms, ein Teil der Ringmauer sowie ein 40 Meter tiefer Burgbrunnen, den Heinrich IV. während des Sachsenaufstands von 1073 zur Flucht nutzte. So erzählt es jedenfalls die Sage.

In der berühmten Sachsenchronik von 1492 las ich überdies, dass es auf dem Burgberggipfel eine Opferstätte des Sachsengottes Krodo gegeben haben soll. Beschrieben wurde diese Göttergestalt als Mensch, der auf einer Säule stand mit einem großen Fisch zu seinen Füßen. In der einen Hand hielt er ein Rad gen Himmel, in der anderen einen Eimer mit Rosen.

Karl der Große soll dieses Standbild gegen Ende des 8. Jahrhunderts geschleift haben. Genaues weiß man aber nicht darüber. Bis heute gibt es keinerlei Ausgrabungsfunde, die diesen Götzenkult belegen könnten. Noch immer liegt die Wahrheit in jenem Dunkel, in dem sich Legenden und Sagen bilden. Daran ändert auch die Tatsache nichts, dass die Einwohner von Bad Harzburg den geheimnisvollen Sachsengott Krodo mittlerweile zur Symbolfigur ihres städtischen Bade- und Kurbetriebs gemacht haben.

Rasch warfen wir noch einen Blick auf die Landkarte, dann machten wir uns wieder auf den Brocken-Weg, gut versorgt mit Broten, Obst und Trinkflasche. Bis zum Gipfelplateau lag noch eine Strecke von rund zehn Kilometern vor uns.
Gehen, gehen, gehen.
Mit Rucksack und Wanderstock zu zweit wandern.
Schritt für Schritt.
Gehen und atmen.
Frei sein und allein sein.
Und plötzlich war sie wieder da, diese täglich neu aufkommende Lust, in den Fußstapfen Heinrich Heines zu wandeln. Mit jedem Schritt, so hatte ich das Gefühl, kam ich ihm ein Stückchen näher. Manchmal war es sogar, als würde er neben mir laufen, mit seinem Ranzen auf dem Rücken, während ich im Kopf seine »Harzreise« durchblätterte, um an meinen Lieblingsversen hängen zu bleiben, die ich beim Wandern oft vor mich hin sprach. Verse, mit denen Heinrich Heine eine einzigartige Bewegung vollzog, eine Bewegung, die ihn hinaus in die Natur führte, zu seiner schriftstellerischen Erfindungskraft und zu sich selbst. Verse, die für mich gleichsam zum Inhalt und Motiv unserer Wanderung wurden:

Auf die Berge will ich steigen,
Wo die frommen Hütten stehen,
Wo die Brust sich frei erschließet,
Und die freien Lüfte wehen.

Auf die Berge will ich steigen,
Wo die dunklen Tannen ragen,
Bäche rauschen, Vögel singen,
Und die stolzen Wolken jagen.

Gehen, gehen, gehen.

Fuß vor Fuß.

Der Boden war weich, oft knöcheltief, während die Buchen- und Eschenstämme in große Höhen ragten. Manchmal wirkten die bewachsenen Hänge und tief liegenden Mulden richtig verwunschen.

Es herrschte Waldstille.

Kein von Menschen gemachtes Geräusch war zu hören. Nirgends versperrte Gebüsch die Sicht. Hier und da gab es einige Felsblöcke, an deren Wetterseite Moos und Flechten klebten und den Fels grünlich tönten. Darüber wölbte sich ein fast geschlossenes Kronendach, das die Sonnenstrahlen filterte. Eine Brise rauschte in den Wipfeln. Zweige und Blattwerk bewegten sich sanft im Wind. Irgendwo pochte ein Specht. Vögel zwitscherten, Erdhummeln summten.

Archetypische Bilder.

Keine Welt, die von Event-Managern inszeniert wurde. Hier war alles echt.

Unwegsames Gelände, wildes Gezweig, sonnenüberflutete Lichtungen, überwachsene Pfade, feuchtschwere Gräser.

Natur pur.

Wir waren mittendrin.

Der Wald
als Chiffre

Es war Nachmittag – ein wunderschöner Nachmittag. Weit weg von allem, was einer Stadt auch nur entfernt ähnelt, lagen wir im Gras, atmeten die feuchte, saubere Waldluft ein und lauschten den Vögeln. Ich fühlte mich wunderbar leicht, blinzelte durch das sonnenflimmernde Blätterdach der Bäume ins helle Blau des Himmels und machte mir Gedanken über Heinrich Heines Unterwegssein.

In welchem Tempo war er gelaufen? Wie war sein Schrittrhythmus? Wie viele Kilometer hatte er in der Stunde oder am Tag zurückgelegt?

Viele von Heines Werken hatte ich in den letzten Monaten zum zweiten oder dritten Mal gelesen. Doch über die Art seines Gehens hatte ich nichts gefunden, obgleich ich wohl davon ausgehen konnte, dass er relativ rasch seine Balance zwischen schnell und langsam fand und ein humanes Wandertempo wählte, das das Maß seines Unterwegsseins wurde, bei Wind und Wetter.

Auch Aaron und ich hatten mühelos den Rhythmus unseres Gehens gefunden. Jeder von uns beiden ging sein eigenes Tempo. Und je tiefer wir in den Harz eintauchten, desto mehr öffneten sich ungeahnte Räume, innen wie außen. So wurde mir von Kilometer zu Kilometer klarer, dass ich nicht nur Heines Reiseaufzeichnungen Satz für Satz durchwanderte, sondern auch seine Erlebniswelt hautnah zu spüren bekam: neblige Talgrunde, kniehohe Feuchtwiesen und grüne Hügelketten, wo die Hänge tief hinabfielen und unsichtbare Bäche in der Ferne plätscherten. Daneben ragte hüfthoher Buchenjungwuchs empor, zeigten sich von Blöcken übersäte Bergflanken und hingestreckte Baumleichen, die von zahllosen Käfern besiedelt und zersetzt waren.

Ich erlebte Augenblicke, in denen mich die Natur in einen Zustand des bloßen Da-Seins versetzte, Augenblicke, in denen ich manche Eindrücke Heinrich Heines bestätigt fand und ganz ähnlich fühlte wie er. Vor allem Heines Hochgestimmtheit, wenn er sich an den urwüchsigen Landschaften berauschte, konnte ich mühelos nachvollziehen. Viele Textstellen seiner »Harzreise« vermittelten mir überdies den Eindruck, dass Heine sich in dieser Region rund um den Brocken wunderbar leicht gefühlt hatte. Vermutlich hatte er seine Mitte wiedergefunden, die ihm zuvor für lange Zeit verloren gegangen war.

Endlich lag das engstirnige Göttingen mit seinen weltfremden Professoren weit hinter ihm. Endlich hatte Heine alles Quälende und Bedrückende beiseitegeschoben, abgeschüttelt und am Wegesrand zurückgelassen, wie das zusätzlich *eingepackte Paar Stiefel*, das er schon vor Tagen *über Bord* geworfen hatte, wie er schrieb. Und endlich konnte er wieder zu sich selbst kommen, hier, wo es nichts gab als kilometerweit sich erstreckenden Wald, in dem er von einem anrührenden Schauplatz zum anderen wanderte, um mit weit geöffneten Augen Dinge aufzugreifen und auf sich wirken zu lassen, die er lange entbehrt hatte. Wie von einer Schnur gezogen suchte er sich Wege und Pfade, um noch tiefer in die grünen Hügel einzutauchen, die auf dem Brocken gipfelten, der schon damals als Symbol der Freiheit galt, als magischer Ort, wo sich Hexen und Geister trafen.

Darüber hinaus fand Heine auf seiner Wanderung wohl auch Vergnügen daran, genau dort zu sein, wo er sein

Wo sich der Harz vor Millionen von Jahren in Falten legte, dehnen sich noch heute Hügel- und Bergketten bis zum Horizont.

Sonnenuntergang am Brocken. Nur an rund sechzig Tagen im Jahr ist die Gipfelregion frei von Wolken und Nebelschwaden.

Das Renaissance-rote Hotel »Kaiserworth« in Goslar wurde bereits 1494 als Gildehaus für die Tuchhändler und Gewandschneider erbaut.

Vor Goslars berühmter Kaiserpfalz stehen die mächtigen Reiterstandbilder von Kaiser Wilhelm I. und Friedrich Barbarossa.

Auf dem 800 Jahre alten Marktbrunnen thront das Wahrzeichen von Goslar: ein vergoldeter Reichsadler mit Kaiserkrone.

Fachwerkgeschmückte Bürgerhäuser, die aus dem 15. bis 18. Jahrhundert stammen, prägen viele Städte im Harz.

Die Oberharzer Marktkirche »Zum Heiligen Geist« in Clausthal-Zellerfeld gilt mit einer Länge von 45 Metern und einer Breite von 22,5 Metern als größte deutsche Holzkirche.

Von Schulkindern umringt: der Wohltäterbrunnen auf dem Marktplatz von Wernigerode.

In Clausthal-Zellerfeld wird die »Alte Bergapotheke« von 1674 wegen ihrer 66 holzgeschnitzten Gesichter »Fratzenapotheke« genannt.

Oberhalb von Bad Harzburg liegen die restaurierten Ruinen der geschichtsträchtigen Harzburg, die Heinrich IV. um das Jahr 1065 errichten ließ.

Zu den Überresten der ehemaligen Harzburg gehört auch eine steinerne
Brücke, die zwischen dichtem Baum- und Buschwerk Einblick in die
Historie gibt.

oben links: Auf der Staumauer des Eckerstausees markiert ein farbiger Pfahl die
ehemalige DDR-Grenze.

oben rechts: Unweit des Brockengipfels
schaut Aaron von einem Ensemble überein-
andergetürmter Felsblöcke in die Weite.

unten links: Lichte Schneisen kennzeichne-
ten einst den innerdeutschen Grenzverlauf;
Stacheldrahtzäune und Wachtürme trenn-
ten Deutschland hier in zwei Teile.

unten rechts: Oberhalb des Eckerstausees
wandere ich durch kniehohe Wiesen, von
denen sich herrliche Ausblicke bieten.

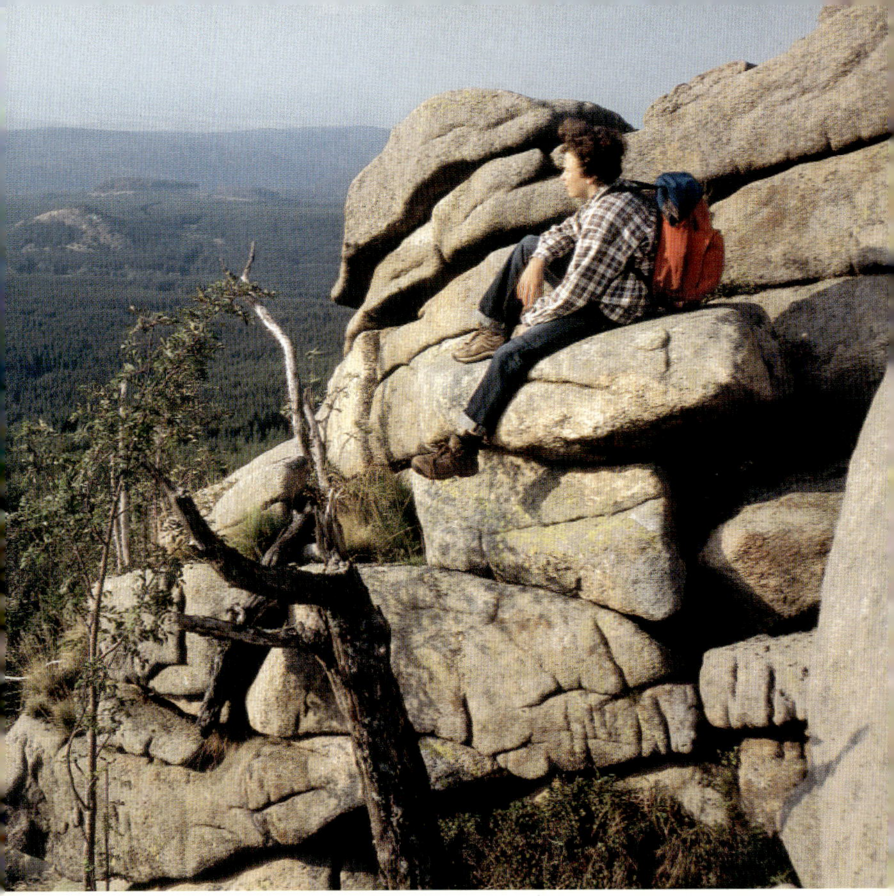

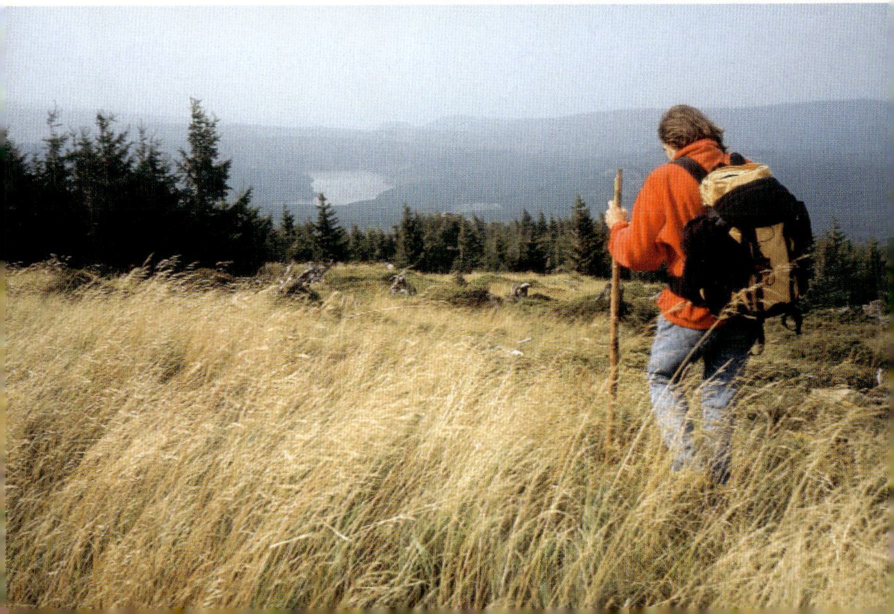

Im Brockenwanderland stehen wir am Rand einer Felsklippe. Unter uns erstreckt sich ein ausgedehntes Waldmeer. Tannen, so weit das Auge reicht.

Über einen betonierten Plattenweg geht es die letzten Höhenmeter zum Brockengipfel hinauf.

Am Gipfel des Brockens erinnert ein großer Gedenkstein an Heinrich Heines Harzwanderung im Jahre 1824.

1797

1856

HEINRICH HEINE

Inmitten einer kreisrunden Aussichtsterrasse befindet sich am Brockengipfel ein Ensemble klotziger Granitblöcke.

Auf einem Granitblock sitzend, genießt Aaron den Sonnenuntergang am Gipfel des Brockens.

oben links: Aufstieg zum Gipfelkreuz des Ilsensteins, einem sagenumwobenen Granitfelsen, der Heinrich Heine fast zum Verhängnis wurde.

oben rechts: Vorbei an üppigen Baumriesen und mächtigen Felsbrocken, mit Flechten und Moospolstern bewachsen, folgen wir dem Flusslauf der Ilse.

unten links: Inmitten dichter Waldhänge erhebt sich der 474 Meter hohe Ilsenstein.

unten rechts: Entlang des schäumenden Ilse-Flusses führt uns der »Heinrich-Heine-Weg« zur Stadt Ilsenburg.

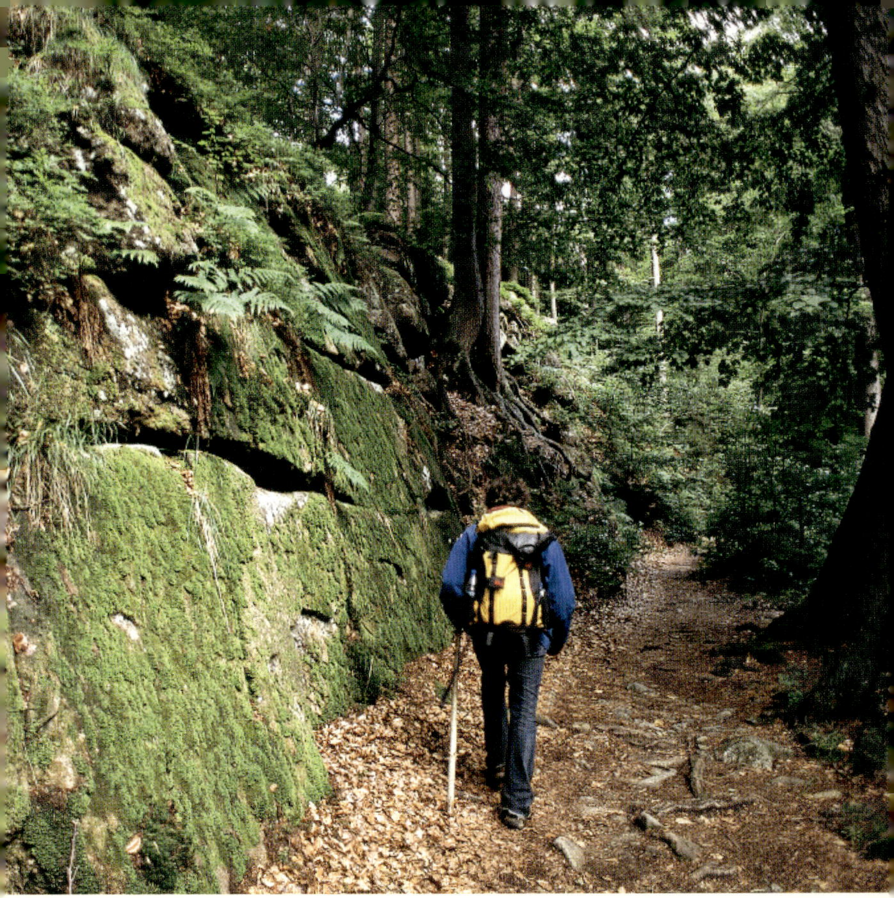
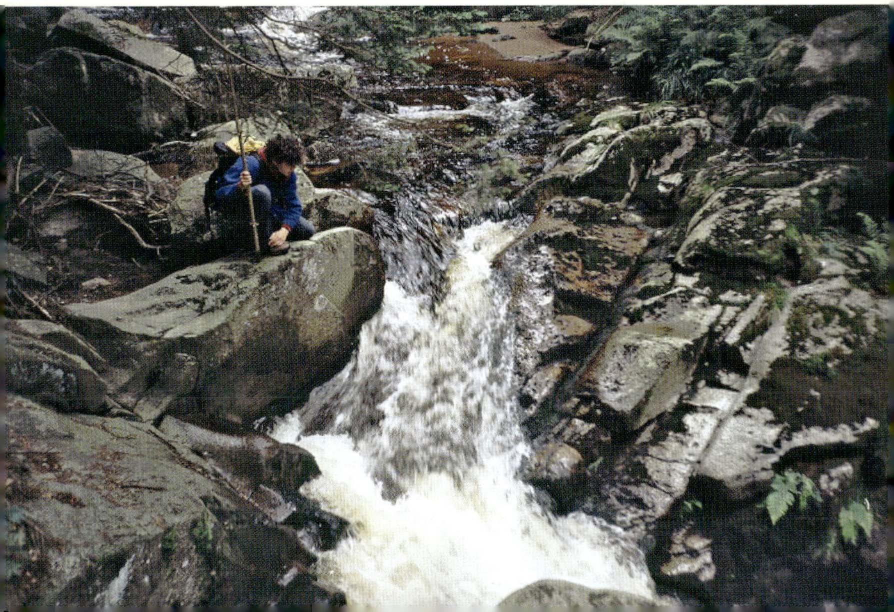

Die Sandsteinformationen der bizarren »Teufelsmauer«, die eine Höhe bis zu 319 Meter erreichen, sind 80 Millionen Jahre alt.

Früher galt der Wald im Harz als Ort der Furcht und Heimstatt finsterer Mächte. Heute ist er Kulisse für Wanderer, Jogger und Spaziergänger.

Die gewaltige Bode-Schlucht, die auch als »Grand Canyon des Harzes«
bezeichnet wird, ist von schroffen Gesteinsstufen und waldbedeckten
Felswänden geprägt.

Mit 166 Kilometern ist die Bode der längste Fluss des Harzes, ein hinreißend
schöner Mäander, der sich in zahlreichen Windungen um bewaldete Hügel
und kahle Bergrücken schlängelt.

Hoch über dem Selketal erhebt sich die Burg Falkenstein, die zu den schönsten Burgen Deutschlands zählt.

Hinter einer 17 Meter hohen Schildmauer liegt der Innenhof der Burg Falkenstein.

Zur Burg Falkenstein gehört ein traditionsreicher Falkenhof mit unterschiedlichen Greifvögeln. Adler, Falke, Bussard und Uhu können hier in Aktion bewundert werden.

wollte: in der Natur. Und diese Lust trieb ihn an. Jeder neue Pfad zeigte ihm einen neuen Blick, und jede Tageszeit tauchte die Berg- und Waldlandschaft in ihr eigenes Licht. Es gab keinen Stillstand im Schauen, stattdessen die deutliche Erkenntnis, dass die Wirklichkeit viel faszinierender war als alle angelesenen Erwartungen. Mehr noch: Es gab hier keine gelehrte Enge, keine gesellschaftlichen Zwänge, keine Kontrollen und keine Zensur. Dadurch veränderte sich nicht nur Heines Gemütszustand, sondern auch seine Wahrnehmung und seine Perspektive.

So kam es, dass er mit rastlosen Schritten nicht nur sich selbst vorantrieb, sondern auch seine Reiseerzählung, die bereits in ihm steckte und in seinem Kopf von Tag zu Tag klarere Gestalt annahm.

Der Wald wurde zur Chiffre für die Poesie des Unterbewussten.

Ganz versessen darauf, in der bewaldeten Wirklichkeit des Brockens der Vergangenheit zu begegnen, zog ich immer wieder die »Harzreise« aus der Jackentasche, blätterte beim langsamen Laufen in dem kleinen Büchlein und blieb hier und dort kurz stehen, um eine Textpassage laut zu lesen – sehr zum Leidwesen meines Sohnes, der mir dann klar und deutlich zu verstehen gab: »Papa, du nervst!«

Also las ich leise, nur für mich, um Heines Wandereindrücken auf die Spur zu kommen, der damals seinen Lehrmeister eher in der Natur fand als in der Wissenschaft: *Ich stieg wieder bergauf und bergab, und vor mir schwebte die schöne Sonne, immer neue Schönheiten beleuchtend. Der Geist des Gebirges begünstigte mich ganz offenbar; er wusste wohl, dass so ein Dichtermensch viel Hübsches wiedererzählen kann, und er ließ mich diesen Morgen seinen Harz sehen, wie ihn gewiss nicht jeder sah. In solchen Mo-*

menten spürte Heine offenbar, wie wichtig es war, nah an die Dinge heranzugehen. Aus der Ferne bleibt alles stumm und taub. Doch beim Herangehen öffnet sich die Natur. Womöglich fühlte sich Heine damals gewissermaßen angenommen von Dingen, die sich nicht von der Stelle bewegen, angenommen von der Natur. Wer weiß? Vielleicht verband ihn mit der Natur sogar etwas Unsagbares, als er schrieb: *… die rauschenden Tannen verstanden mich, ihre Zweige taten sich voneinander, bewegten sich herauf und herab, gleich stummen Menschen, die mit den Händen ihre Freude bezeigen.*

Nähe suchen und verweilen.

Das ist der Weg in der Natur, damals wie heute. Sonst öffnet sie sich einem nicht.

Schließlich traf Heinrich Heine auf grünem Grund eine Schafherde. Es war ein großartiger und wunderbarer Tag. Ein Tag, den er noch lange im Gedächtnis behielt, als *ein freundlicher blonder junger* Hirte ihn am Fuß des Brocken zum Essen einlud: *Wir setzten uns nieder zu einem Déjeuner dinatoire, das aus Käse und Brot bestand; die Schäfchen erhaschten die Krumen, die lieben, blanken Kühlein sprangen um uns herum, und klingelten schelmisch mit ihren Glöckchen, und lachten uns an mit ihren großen, vergnügten Augen.*

Vor allem die Einfachheit des Schäferdaseins war es, die Heine berührte. Endlich war es da, das Gefühl, dazuzugehören, am einfachen Leben teilzunehmen, in natürlicher Weite und in Freiheit.

All das bewegte Heine so sehr, dass er seinem Gastgeber ein Gedicht widmete, sieben Verse, die Schrift und Mensch miteinander verweben, knapp, präzise und bei aller Schlichtheit dennoch fast feierlich:

König ist der Hirtenknabe,
Grüner Hügel ist sein Thron,
Über seinem Haupt die Sonne
Ist die schwere, goldne Kron'.

Ihm zu Füßen liegen Schafe,
Weiche Schmeichler, rotbekreuzt;
Kavaliere sind die Kälber,
Und sie wandeln stolz gespreizt.

Hofschauspieler sind die Böcklein,
Und die Vögel und die Küh',
Mit den Flöten, mit den Glöcklein,
Sind die Kammermusici.

Und da klingt und singt so lieblich,
Und so lieblich rauschen drein
Wasserfall und Tannenbäume,
Und der König schlummert ein.

Unterdessen muss regieren
Der Minister, jener Hund,
Dessen knurriges Gebelle
Widerhallet in der Rund'.

Schläfrig lallt der junge König:
»Das Regieren ist so schwer,
Ach, ich wollt', dass ich zu Hause
Schon bei meiner Kön'gin wär'!

In den Armen meiner Kön'gin
Ruht mein Königshaupt so weich,
Und in ihren lieben Augen
Liegt mein unermesslich Reich!«

Im
Brockenwanderland

Waldgeruch lag uns in der Nase. Zu allen Seiten war es grün. Wildes, verwachsenes, von der Sonne beschienenes Grün.

Grün in allen Abstufungen.

Lindgrün, neongrün, olivgrün.

Überall Wald.

Vor uns, hinter uns, rundum.

Aber was für Wald!

Ein Wald mit dichten Laubbäumen, Kiefern und Tannen. Früher war dies ein Ort der Furcht und Heimstatt finsterer Mächte. Heute ist es eine grandiose Kulisse für Wanderer, Jogger und Spaziergänger, voller Gestrüpp und voller Unterholz. Und noch immer voller Mystik: Hier gibt es erhabene Bäume mit vernarbter Rinde, die wie trotzige Kolosse wirken, knorrige, bucklige Stämme, die vom Pilz zerfressen sind, Kronengeflechte wie filigrane Kunstwerke, durch die stufenweise gebündeltes Licht fällt.

Dann trafen wir wieder auf Wiesen, die sich wie lange Zungen in den Wald schoben, hinein in dunkle Tiefen und sanfte Höhen, wo Moore und Senken sich mit Bächen und Seen abwechselten. Irgendwo hörten wir ein paar Vögel sommerlich-süßlich vor sich hin zwitschern.

Seit unserem Aufbruch in Bad Harzburg waren wir über den Großen Burgberg gewandert, hatten das malerische »Kalte Tal« passiert und waren auf dem »Kaiserweg« zum 513 Meter hoch gelegenen »Molkenhaus« gelangt. Ein hübsches Ausflugslokal am idyllischen Hasselteich. Hier rasteten wir, erfrischten uns und aßen ein paar Brote, ehe wir über weite Wiesen, die sich bereits spätsommerlich gelb färbten und herrliche Ausblicke boten, zum »Braunschweiger Weg« kamen. Von dort folgten wir einem kleinen Flusslauf und durchquerten das tief eingeschnittene »Eckertal«, wo üppige Vegetation, hohe Laubwaldflanken, schroffe Felsabstürze und mit Schwefelflechten überzogene Klippen eine fast urweltartige Szenerie bildeten. Zu beiden Seiten eines vom Nieselregen aufgeweichten Pfades lagen zerborstene Stämme, manchmal zweifach, dreifach gekreuzt. Moderndes Holz zerfiel zu Humus. Und darüber herrschte das Dämmerlicht zyklopischer Baumriesen, deren Kronen den Himmel zu tragen schienen.

So könnte es gewesen sein, als Heinrich Heine durch den Brockenwald wanderte und in diese wundersame Naturwelt eintauchte, wo ihn *Waldungen himmelhoher Tannen* umfingen, *für die* er großen *Respekt* hatte. *Diesen Bäumen* war *nämlich das Wachsen nicht so ganz leicht gemacht worden, und sie* hatten *es sich in der Jugend sauer werden lassen. Der Berg* war *hier mit vielen großen Granitblöcken übersät, und die meisten Bäume mussten mit ihren Wurzeln diese Steine umranken oder sprengen, und mühsam den Boden suchen, woraus sie Nahrung schöpfen* konnten. *Hier und da* lagen *die Steine, gleichsam ein Tor bildend, übereinander, und oben darauf* standen *die Bäume, die nackten Wurzeln über jene Steinpforte hinziehend und erst am Fuße derselben den Boden erfassend, sodass sie in der freien Luft zu wachsen* schienen.

Zudem *schossen die goldenen Sonnenlichter durch das dichte Tannengrün. Eine natürliche Treppe bildeten die Baumwurzeln. Überall schwellende Moosbänke; denn die Steine sind fußhoch von den schönsten Moosarten, wie mit hellgrünen Samtpolstern bewachsen. Liebliche Kühle und träumerisches Quellengemurmel. Hier und da sieht man, wie das Wasser unter den Steinen silberhell hinrieselt und die nackten Baumwurzeln und Fasern bespült. Wenn man sich nach diesem Treiben hinabbeugt, so belauscht man gleichsam die geheime Bildungsgeschichte der Pflanzen und das ruhige Herzklopfen des Berges. An manchen Orten sprudelt das Wasser aus den Steinen und Wurzeln stärker hervor und bildet kleine Kaskaden. Da lässt sich gut sitzen. Es murmelt und rauscht so wunderbar, die Vögel singen abgebrochene Sehnsuchtslaute, die Bäume flüstern wie mit tausend Mädchenaugen ...*

Je länger wir im Brockenwanderland unterwegs waren, desto mehr veränderte sich meine Einstellung zur Zeit: Ohne Terminkalender, ohne Uhr, ohne Wecker, ohne Fernsehen, ohne Radio und ohne Verbindung zu der städtischen Unruhe, die inzwischen weit hinter uns lag, schien ich wieder einen reißenden Strom von Zeit zur Verfügung zu haben, der wie ausgebreitet vor mir lag.

Wie war das gekommen? War es die Abgeschiedenheit der Natur, das Schweigen des Waldes, die reinere Luft oder gar das flirrende Licht im Blattwerk?

Vielleicht bewog mich alles zusammen zu einer Art Umkehr oder Rückbesinnung. Es war, als hätte mich die Natur umprogrammiert. Nur noch mit der Gegenwart in meinem Kopf dachte ich einzig und allein an die nächsten Schritte und an die Aussicht, die sich mir bot.

Und Aaron?

Ihm erschien dieser Wald wie »Fangorn«, jener älteste aller Wälder von Mittelerde, den J.R.R. Tolkien in seinem Romanepos »Der Herr der Ringe« so eindrucksvoll beschrieb. Ein Wald außerhalb der normalen Zeit, der überall gedieh, wo immer seine Wurzeln Nahrung fanden. Ein verwunschener, fast gespenstischer Wald, wo die »Ents« lebten, baumähnliche Kreaturen, die größer als Menschen wurden und die berufen waren, den Wald zu beschützen.

Weiter.

Von Steigung zu Steigung begegneten uns auch andere Wanderer, manchmal klappernde Nordic Walker. Mit Fitness im Kopf und Work-out im Sinn setzten sie ihre Gehstöcke mit gleichmäßig kleinen Schritten voran. Wir grüßten freundlich, wechselten ein paar Worte, fragten nach wohin und woher.

Am Nachmittag erreichten wir den Eckerstausee, den wir auf der Staumauer querten. In der Mitte der Dammkrone (559 m) markiert ein farbiger Pfahl die ehemalige DDR-Grenze. Nur ein paar Schritte weiter standen einst Stacheldrahtzäune und die Wachtürme der Volkspolizei. Hier verlief jene Grenze, die Deutschland in zwei Teile trennte: auf der einen Seite die Ideologen des Ostens, auf der anderen Seite die Schönredner des Westens. Mehr als vierzig Jahre lang dauerten Teilung und Kalter Krieg. Dann fiel die Mauer – und wir erleben ein wieder vereintes Land, in dem sich nach wie vor nicht alle einig sind.

Am Ostufer des Stausees tauchten wir in dichte Fichtenwälder ein, die uns zu den 698 Meter hohen Scharfsteinklippen führten. Entlang der ehemaligen innerdeutschen Grenze boten sich uns weite Ausblicke, die nur möglich waren, weil der Bau der Mauer lichte Schneisen in den Wald geschnitten hatte.

Je länger wir dem früheren Grenzverlauf folgten, desto stärker wurde die beklemmende Erinnerung, eine Kindheitswunde, die nicht verheilen wollte, die man sein Leben lang mit sich schleppt. Noch heute sehe ich die Fernsehbilder von 1961 vor mir, flimmernde Aufnahmen in Schwarz-

Weiß. Niemand begriff, was geschah. Mein Vater hatte Tränen in den Augen, als er sagte, dass er einen Teil seiner (unserer) Familie nicht mehr sehen durfte. Warum? Was war geschehen?

Ein Land wurde geteilt und eine Mauer errichtet, aus Stein und Mörtel, aus fugenlos ineinandergreifenden Betonblöcken. Als »antifaschistischer Schutzwall« aus dem Boden gestampft, sollte sie zivile Überläufer an der Flucht hindern – ein brutales Symbol des Faktischen, das dem real existierenden Sozialismus als Demonstration der Macht diente, das mit Stacheldraht und Selbstschussanlagen zum mythischen Ungeheuer wurde.

Doch die Mauer trennte nicht nur ein Land in zwei Hälften. Sie war auch eine Anlage des Schreckens, ein Todesstreifen, an dem Fluchtversuche glückten, aber auch scheiterten, und wo mehr als tausend Menschen ihr Leben verloren.

Noch heute gilt die innerdeutsche Mauer als trauriges Denkmal deutscher Politik. Und selbst achtzehn Jahre nach ihrer Öffnung und Zerstörung kann man dieser riesigen Betonanakonda noch immer nicht entkommen. Über Generationen ist sie in das kollektive Gedächtnis eines ganzen Volkes gekrochen.

Weiter Richtung Brocken.

Gehen, gehen, gehen. Mit Heine im Sinn.

Je höher man den Berg hinaufsteigt, desto kürzer, zwerghafter werden die Tannen, sie scheinen immer mehr und mehr zusammenzuschrumpfen, bis nur Heidelbeer- und Rotbeersträucher und Bergkräuter übrigbleiben. Da wird es auch schon fühlbar kälter. Die wunderlichen Gruppen der Granitblöcke werden hier erst recht sichtbar; diese sind oft von erstaunlicher Größe. Das mögen wohl die Spielbälle

sein, die sich die bösen Geister einander zuwerfen in der
Walpurgisnacht, wenn hier die Hexen auf Besenstielen und
Mistgabeln einhergeritten kommen und die abenteuerlich
verruchte Lust beginnt …

All dies literarische Erleben wurde irgendwann durch
das dunkle Gewölk der Wirklichkeit überlagert. Eisiger,
unangenehmer Ostwind schlug uns entgegen, und milchige
Nebelschleier glitten geisterhaft durch die Lüfte, verhüllten
die Landschaft. Grelle Blitze zuckten über den schwarz be-
wölkten Himmel und tauchten den Wald für Momente in
leuchtendes Blau. Donner grollte von weit her, als würden
überdimensionale Holztonnen zerbersten.

Eigentlich war das Gipfelplateau gar nicht mehr weit
entfernt. Doch im Augenblick schien es unerreichbar.
Schwere Wolkenmassen hatten sich wie ein dunkler Mantel
über die höchste Erhebung im Harz geworfen und die Gipfelregion, die an mehr als dreihundert Tagen im Jahr mit
dichtem Grau verhangen ist, zu einem leicht verschluck-
baren Brocken gemacht.

Gleichwohl gingen wir weiter, selbst als es zu tröpfeln
begann und leichtes Nieseln in heftiges Prasseln überging.
Wasser rann uns über Haare und Stirn, von Kapuze und
Regenmantel auf die Stiefel. Und während zwischen Himmel und Berg ein dichter Regenschleier stand, verfiel Aaron
beim beschwerlichen Voranstapfen in einen rhythmischen
Singsang: »Scheiß-Spiel, Scheiß-Spiel, Scheiß-Spiel!«

Irgendwann rissen wilde Böen für einen Moment eine
Schneise in den grauen Regendunst und gaben den Blick auf
eine Gruppe haushoher Felsbrocken frei, die wie eine un-
einnehmbare Bastion wirkte. In der Nähe dieser übereinandergetürmten Gesteinsklötze entdeckten wir eine geeignete
Stelle, wo wir das Zelt für die Nacht aufschlagen konnten.

»Los, dort rüber. Schnell, schnell!«

Wir liefen los und versanken kurz darauf bis zu den Knöcheln im Schlamm. Die Vegetation war durch den Regen noch glitschiger geworden. Kein Schritt war mehr sicher. Wir mussten höllisch aufpassen, um nicht das Gleichgewicht zu verlieren, und waren froh, als wir die Felsblöcke erreichten.

In aller Eile setzten wir die Rucksäcke ab, kramten das Zelt heraus, bauten es auf und krochen mit klatschnassen Kleidern ins Innere. Endlich ein Dach über dem Kopf! Wie Ackergäule dampften wir in der Abendkälte auf unseren Schlafsäcken, als wir uns auszogen, abtrockneten und die Sachen wechselten. Lachend bilanzierte ich auf Aarons Körper die ersten zehn Tage unserer Wanderung: Seine Haare klebten vor Nässe am Kopf, und die Hände waren vom Astwerk und Gestrüpp zerkratzt. Die Augen wirkten müde. Die Haut an der Nase schälte sich von einem Sonnenbrand, die Nasenlöcher waren wund, die Lippen angeraut, und das ganze Gesicht war mit kleinen roten Pusteln bedeckt: Souvenirs von einem Mückenangriff.

Am meisten hatten aber seine Füße gelitten. Sie verströmten nicht nur einen strengen Geruch, sondern waren vom Laufen auf dem morastigen Waldboden (trotz Stiefel und Socken) braun gefärbt. Zwei große Blasen schmerzten an der linken Fußsohle.

»Du siehst toll aus«, flachste ich.

»So fühl ich mich auch!«

»Kann ich was für dich tun?«

»Alles in Ordnung, Papa. Ich hab nur ein bisschen Hunger. Schade, dass es im Wald keinen Pizzaservice gibt«, alberte Aaron und suchte in seinem Rucksack nach etwas Essbarem, fand Schwarzbrot, Camembert, Mettwurst, Radieschen und ein paar Tomaten. Dazu gab es Mineralwasser.

Später am Abend, als das Trommeln des Regens allmählich nachließ und es im Unterholz knackte und raschelte, malte sich Aaron in seiner Fantasie Gefahren aus – mögliche und unmögliche: Er sprach von grunzenden Wildschweinen, die in großem Tempo gegen unser Zelt anrannten, von bissigen Ameisenbataillonen, die uns in Kleider, Nase und Ohren krabbelten, von zähnefletschenden Wölfen, die auf Beute aus waren und unser Biwak umzingelten.

Schon seit jeher sollen im Brockenwald unvorstellbare Dinge geschehen sein. Fast jeder Einheimische, mit dem wir sprachen, hatte eine Geschichte von Waldtrollen, Gespenstern oder Hexen parat. Wir hörten von Menschen, die sich im Wald verirrt hatten und für immer verschollen blieben, von anderen, die in reißenden Flüssen ertranken, die von Bäumen erschlagen oder von einem Blitzstrahl getroffen wurden – gruselige und rätselhafte Geschichten zuhauf, die der Volksmund noch immer raunt.

Kein Wunder, dass wir nicht schlafen konnten. Bis spät in die Nacht hielten uns die Bilder der Fantasie und die Geräusche des Waldes wach.

Ein wunderbares
Stück Welt

Sanfter Wind trug den Geruch von Baumharz herüber, als wir am frühen Morgen die Schlafsäcke verließen und aus dem Zelt krochen. In einer großen Talsenke wogten die Baumkronen wie ein grünes Meer, das sich vor uns erstreckte. Nebelwolken wälzten sich darüber, wirkten wie Dampfschwaden einer Hexenküche. Die normale Welt war weit weg, versunken hinter milchigen Schleiern.

Es roch nach Kälte, Reif und Moder. Der Tag begann gerade zu dämmern, während die Konturen und Farben des Brockenwaldes noch grau und diffus waren. Nur die übereinandergetürmten Felsblöcke, neben denen wir die Nacht im Zelt verbracht hatten, traten in der Landschaft plastisch hervor: ein mächtiges Granitgestade inmitten grün-grauer Weite, unverrückbar und zeitlos.

Eine halbe Stunde später veränderte sich das gesamte Gelände. Wir hatten gerade gefrühstückt, als sich das Licht der Sonne durch die Wolken bohrte. Heller Schein und blaue Weite vertrieben nicht nur das dichte Gewölk, sondern auch unsere Regen-Katerstimmung. Im Nu wurden die Konturen scharf, leuchteten die Farben, leuchtete die Landschaft. Selbst die Luft änderte sich, wurde angenehm mild – und ich genoss die ersten Sonnenstrahlen auf der Haut, als Aaron an meinem Hemdsärmel zupfte.

»Papa, dort«, flüsterte er und zeigte zu einer braun-gelben Grasfläche.

Angestrengt schaute ich, konnte aber nichts Auffälliges entdecken.

»Da, sieh doch!«

Tatsächlich – eine Bewegung im kniehohen Gras. Kaum wahrnehmbar. Nur ein winziges Stück Fell. Und ein buschiger Schwanz. Rotbraun. Wie ein Staubwedel.

Ein Fuchs!

Keine zehn Meter von uns entfernt stand er in einer Haltung angespannter Wachsamkeit. Den Kopf hatte »Meister Reineke« behutsam vorgestreckt. Mit der Nase schnupperte er in den Wind, während seine Augen zu uns herüberblickten. Einige Sekunden lang starrten wir uns schweigend an. Keiner rührte sich.

Dann war es Aaron, der die Reglosigkeit als Erster beendete. Hände und Arme an die Oberschenkel gepresst, bewegte er sich vorsichtig auf den Fuchs zu, der im gleichen Moment mit einer geschmeidigen Bewegung zur Seite sprang und geradewegs auf ein dichtes Buschwerk zu lief, hinter dem er aus unserem Blickfeld verschwand.

Kurz darauf standen wir am Rand einer Felsklippe unweit unseres Lagerplatzes. Der Frühnebel löste sich auf, und eine fantastische Landschaftskulisse nahm unter uns Gestalt an: ein ausgedehntes Waldmeer mit sich übergipfelnden Berg- und Hügelketten.

Tannen, Tannen, Tannen.

Dicht an dicht. Kaum Lichtungen.

Tannen, in allen Größen und Formen. Tannen, die an steilsten Hängen hinaufwuchsen. Tannen, so weit das Auge reichte.

Was für ein Ausblick! Ein wunderbares Stück Welt, das ich nicht so erwartet hatte. So schön, dass mir fast die Tränen kamen. Ich fühlte mich großartig beschenkt. Ein Ort, an dem man sich das verloren gegangene Naturmaß zurückholen konnte. Ein Ort, an dem man den ziehenden Wolken nahe war und der Stille über dem Wald lauschen konnte. Ein Ort, an dem ich spürte, dass die Unruhe in mir, die ich von zu Hause mitgebracht hatte, längst entschwunden war.

Lag vielleicht in diesen Augenblicken der Sinn meiner Harzwanderung?

Ich weiß nicht mehr, wie lange ich auf den hohen Felsblöcken so dastand und in die Weite träumte. Ich weiß nur, dass dieser Wald wie ein Geschenk der Schöpfung war. Doch wie lange noch?

Das Baumsterben hat bereits erschreckende Ausmaße angenommen. Nicht nur im Harz. In der ganzen Republik ist der deutsche Wald zur Konfliktstätte geworden. Seit Jahrhunderten hat der Mensch ihn ausgebeutet und riesige Flächen abgeholzt, um Wohnhäuser oder Bergwerksgruben zu bauen. Ganze Vegetationsdecken verbrannten unter den Kesseln der Salinen und in den Schmelzen der Erz- und Glashütten.

Gleichwohl ist noch heute ein Drittel der Bundesrepublik mit Wald bedeckt. Doch dieser Waldbestand ist kein Urwald. Überwiegend wurde er von Menschenhand gepflanzt. Und der Mensch bestimmt auch Art, Alter und Anzahl der Bäume. Nur in speziellen Nationalparks dürfen Bäume alt werden, umstürzen, vermodern und den Boden für Nachwuchs bereiten. Sich frei wuchernd ausbreiten, womöglich mit großen Flächenausdehnungen, das darf kein deutscher Wald. Er ist domestiziert, wird gepflegt und gehegt, beschnitten und abgeerntet. In vielen Teilen der Republik wirkt er sogar plantagenartig. Viele Waldbesitzer sehen sich sogar eher als Bretterzüchter denn als Wildnisverwalter. Der Wald ist Rohstofflieferant und Produktionsbetrieb, aber auch umweltfreundliches Erholungsgebiet, das wir zum Spazierengehen, zum Joggen, zum Entspannen nutzen.

Haben wir das gewollt?

Können wir es uns wirklich nicht leisten, mehrere Zehntausend Hektar sich selbst zu überlassen?

Wie würde der Harz aussehen, wenn der Wald wieder wild wuchern könnte, als Urwald, in dem Zuwachs und Abgang der Bäume im Gleichgewicht sind, ganz ohne menschliches Walten? Wäre solch ein Zustand nicht das Ideal? – Heine hat ihn auf seiner Wanderung noch so erlebt.

Stattdessen sind die Wälder im Harz gefährdet. Wenn wir auf Waldarbeiter trafen, die mit ihren extrem gelenkigen Großmaschinen radikale Rodungen vornahmen oder einen Windbruch säuberten, erfuhren wir, dass es um den Wald nicht gut steht. Wir hörten von Borkenkäfer-Invasionen und dem Kahlfraß riesiger Insektenheere, von Schäl- und Wildverbissschäden, von Sturmkatastrophen und Feuersbrünsten, von Bodenerosionen und Erdrutschen, von saurem Regen und Industrieabgasen, von Schwefeldioxid, Stickoxiden, Schwermetallen und wirtschaftlichen Rentabilitätsraten.

Ein besonders engagierter Forstarbeiter meinte sogar mit wegwerfender Handbewegung: »Wenn hier nicht bald vernünftig gehandelt wird, ist der Wald kaum noch zu retten.«

Auf dem
Brocken

Jenseits der Baumgrenze wand sich der Weg durch klein-
wüchsige Fichten, hohes Gras und Zwergstrauchheide
zum Brockengipfel hinauf. Längst schritten wir nicht mehr
über federnden Waldboden. Stattdessen ging es die letzten
300 Höhenmeter über einen betonierten Plattenweg. Und
während das Gehen auf dem harten Steinboden in Beinen
und Rücken schmerzte, verwandelte ich die steilen An-
stiege, die langen Biegungen und den harten Tritt auf dem
festen Untergrund in eine körperliche Empfindung, die ich
in mein Gefühlsarchiv aufnahm.

Zudem erschloss sich uns die Topografie des Berges
von Schritt zu Schritt. Und es ist nicht nur metaphorisch zu
verstehen, wenn ich als Wanderer von einer begehbaren
Geschichte spreche, wobei vergangene Alltagswelten be-
greifbar werden.

Je höher wir kamen, desto spärlicher wurde die Vegetation. Es wurde karg und kahl, während die langen, faltigen
Hänge eher undramatisch wirkten. Erstaunlich, dass hier,
im nahen Gipfelbereich, dennoch Ringdrossel, Hausrot-
schwanz, Wiesenpieper, Wachtelkönig und Nachtschwalbe
brüten.

Dann waren wir endlich oben.

Tausendeinhundertzweiundvierzig Meter über Normal-
null.

Der höchste Punkt im Harz.

Nach all dem Regen, Wind und Nebel konnten wir es
kaum fassen. Spätestens jetzt war uns klar: Ohne Anstren-

gung lässt sich der Brocken nicht erobern. Vor allem, wenn man von Bad Harzburg aufbricht und über den berühmt-berüchtigten »Teufelsstieg« aufsteigt, der mit einem äußerst markanten Orientierungssymbol gekennzeichnet ist: einem weißen Teufel auf grünem Grund. Auf einer Strecke von 13 Kilometern überwindet dieser Stieg – quer durch Wald und Bergwiesen – 950 Höhenmeter, ehe das ausgedehnte Gipfelplateau erreicht ist, wo die kahle, abgerundete Bergkuppe einer Glatze aus Granit gleicht, platt gehobelt und abgeflacht vom stetigen Wind. Ein unwirtliches Stück Mondlandschaft, wo weder Busch noch Baum wächst.

Die Gipfelankunft hatten wir uns bereits seit Tagen in den herrlichsten Farben ausgemalt: blauer Himmel und Sonnenschein, Bergeinsamkeit und andächtige Stille. Ich erhoffte mir stumme Spuren einer großen Natur, fern jeglicher Zivilisation.

Doch oft kommt es anders, als man denkt. Zwar war der Himmel blau und die Sonne strahlte, aber Bergeinsamkeit gab es nicht. Stattdessen war das Gipfelplateau fast schwarz von Menschen. Dies ist kein Ort der Ruhe, sondern ein Indikator für den Zeitgeist: laut und aufdringlich.

Das waren Augenblicke, in denen ich mir voller Scham eingestehen musste, dass die Vorstellung, die ich mir vom Brockengipfel gemacht hatte, ganz und gar nicht der Wirklichkeit entsprach. Zweifellos hatte meine Fantasie in vielen Jahren aus diesem Berg eine schöne Legende gemacht. Und zu sehr hatte ich mir wohl gewünscht, vorzufinden, was die Imagination ersonnen hatte. Doch die Realität war anders. Bis zu zwei Millionen Menschen besuchen den Brocken jährlich – ein Rekord unter den deutschen Mittelgebirgsgipfeln. Kein Wunder, dass der Brocken den Deutschen als »Berg der Berge« gilt. Hier forscht die deutsche Seele nach den mystischen Geheimnissen der Welt, selbst bei Jahrmarktsatmosphäre. Doch nicht alle Besucher kommen zu Fuß. Wie fast immer im Leben gibt es auch hier zur Anstrengung eine Alternative. So lassen sich manche per Pferdekutsche bis an den Gipfel heranfahren. Andere kommen mit dem Mountainbike, und wieder andere nehmen die Harzer Schmalspurbahn, rattern mit einer schnaufenden Dampflokomotive zum Gipfel hinauf. Noch heute verkehren auf rund 140 Kilometern sieben Dampfloks im Harzer Streckennetz. Die älteste Lok stammt aus dem Jahr 1897.

An einem Ensemble klotziger Granitbrocken, das sich inmitten einer kreisrunden, naturbelassenen Aussichtsterrasse befand, setzten wir unsere Rucksäcke ab. Rundum herrschte lebhafter Trubel. Es wurde palavert, gelacht und gesungen. Kinder schrien sich Frust und Lust aus der Seele. Handys klingelten in einem fort. Irgendwo dudelte Radiomusik. Wir erlebten eine Art Zirkus, inszeniert mit der sorgfältigen Komik und Dramaturgie eines Charlie-Chaplin-Films. Und über allem waberte ein penetranter, scharfer Geruch, der durch den vielen Schweiß entstand, der beim Wandern fließt.

Wenn wir gelegentlich zur Auf- und Abstiegsroute hinüberschauten, konnten wir beobachten, dass der Strom ankommender Wanderer nicht abriss: Wir sahen rucksackbeladene Familienväter, die nach Luft schnappten, als hätten sie einen Marathonlauf hinter sich. Ältere Menschen mit fahlen, aber lächelnden Gesichtern, die in rüstigem Gang daherkamen. Kraftstrotzende Jünglinge mit Fahrrädern, die sie auf der Schulter trugen, was irgendeine Art von Training zu sein schien. Dürre Gestalten in sportlichen Trikots, die die Aufstiegsroute als Rennstrecke nutzten. Und nicht zuletzt all jene Leute, die mit Begeisterung und Erschöpfung die Brockenkuppe erreichten und in deren Gesichtern sich Anstrengung und Glück mischten, während ihr Blick – der hier oben nach allen Seiten offen war – in die Ferne ging.

Einen Katzensprung von uns entfernt packten Familien ihre Fresspakete aus – Brot, Käse, Speck – und setzten sich an große Tische. Menschen mit Pudelmützen und farbenprächtigen Wollschals hockten in handgestrickten Rollkragenpullovern, kurzärmeligen Hemden oder wetterfesten Windjacken eng beieinander, während der Bierverkäufer mit dem Ausschank kaum nachkam. Kein Zweifel: Nicht Sturm und Orkan sind die Plage dieses Berges. Viel schlimmer sind die lautstarken Menschenmassen. Die Popularität des Brockens ist eben auch sein Problem.

Etwas abseits der vielen Menschen atmeten wir die klare Luft ein und schauten hinweg über Wälder und Moore, Klippen und Blockmeere, Städte und Straßen, Flüsse und Pfade, vorbei an den Nebengipfeln Kleiner Brocken (1019 m), Königsberg (1023 m) und Heinrichshöhe (1044 m). Ein Blick wie eine Droge. Alles so weit, so grün, so zeitlos.

Nach einer Weile setzte ich mich auf ein Holzgeländer, versuchte den Menschenlärm auszublenden und blätterte in meinen Notizen: Im Volksmund wird der Brocken »Blocksberg« oder »Hexenstieg« genannt, las ich. Die erste nachweisliche Besteigung gelang im Jahr 1572. 1890 wurde auf dem Gipfelplateau der Brockengarten eingerichtet, in dem heute 1600 Hochgebirgspflanzen aus aller Welt wachsen, darunter auch die Krautweide, der kleinste Baum der Erde. In den letzten Tagen des Zweiten Weltkriegs wurde der Brocken zum Schlachtfeld, ehe er von amerikanischen und dann von russischen Truppen besetzt wurde. In klimatischer Hinsicht ist der Brocken ein Extremist. Kein Baum hält am Gipfel den heftigen Stürmen stand. Und nur an rund 60 Tagen im Jahr ist die Gipfelregion frei von Wolken und Nebelschwaden. An 85 Tagen herrschen Temperaturen unter null Grad Celsius. Und an mehr als 170 Tagen im Jahr hüllt sich das Gipfelplateau in eine Schneedecke. Man glaubt zu erfrieren, wenn der Schneefall die Welt mit schwebenden Schleiern verhängt und das Thermometer bis auf minus 28 Grad fällt. Nur wenige Menschen stapfen dann über den vor Kälte harsch knirschenden Boden. Wie Schemen gleiten sie über das Plateau, die Wimpern zu kleinen Eisvorhängen angewachsen.

Schon seit frühester Zeit war der Brocken in einen Legendenteppich eingewoben, und die Menschen der Region litten unter dem magischen Begriff des »horror vacui«, der Angst vor dem »weißen Leeren«. Denn hinter den dunklen Wäldern und dem grauen Gewölk hielt man auf dem Brockengipfel jede Entdeckung für möglich, selbst abenteuerlichste Fantasiegebilde und gruseligste Spukerscheinungen.

Viele dieser Fantasien haben ihren Ursprung in den heidnischen Bräuchen der Germanen. So erinnert noch heute das ausgelassene Brockenfest der »Walpurgisnacht« an jene Zeit, als die Germanen in der Nacht zum 1. Mai die Hochzeit ihres mächtigsten Gottes Wotan (Odin) mit Freya, der Göttin der Liebe und Fruchtbarkeit, feierten. Später wurde der Ursprung dieses Festes mit regionalem Volksglauben vermischt: Es kam die heilige Walpurga hinzu, die um 710 in England als Benediktinerin lebte. Diese Walpurga sollte die Menschen vor den geheimnisvollen Zauberkräften reitender Hexen schützen, die in der Nacht des 30. April auf ihren Besen zum Brockengipfel flogen. Dort machten sie dem Teufel Urian ihre Aufwartung, der auf dem Brocken satanische Feste feierte, ehe sie mit obszönen Tänzen den Schnee wegfegten, um dem Frühling Platz zu machen.

Und dann war da noch die Walpurgisnacht-Szene im

ersten Teil von Goethes »Faust«, die »zwischen Schierke und Elend« spielt, wo der Chor der Hexen singt:

>»Die Hexen zu den Brocken ziehn,
> Die Stoppel ist gelb, die Saat ist grün,
> Dort sammelt sich der große Hauf,
> Herr Urian sitzt obenauf.
> So geht es über Stein und Stock,
> Es farzt die Hexe, es stinkt der Bock.«

Kein Wunder, dass auch Heinrich Heine beim Gipfelaufstieg immer wieder von Schimären bevölkerte Legenden in den Sinn kamen: *In der Tat, wenn man die obere Hälfte des Brockens besteigt, kann man sich nicht erwehren, an die ergötzlichen Blocksberggeschichten zu denken, und besonders an die große, mystische, deutsche Nationaltragödie vom Doktor Faust. Mir war immer, als ob der Pferdefuß neben mir hinaufkletterte und jemand humoristisch Atem schöpfe. Und ich glaube, auch Mephisto muss mit Mühe Atem holen, wenn er seinen Lieblingsberg ersteigt; es ist ein äußerst erschöpfender Weg, und ich war froh, als ich endlich das langersehnte Brockenhaus zu Gesicht bekam.*

Das ehemalige »Brockenhaus«, im Volksmund auch »Wolkenhäuschen« genannt, gibt es noch heute. Daneben steht das große »Brockenhotel« mit seiner verglasten Aussichtsplattform. Zudem gibt es mehrere Restaurants, den vierzehnstöckigen Brockenturm von 1937/38, der als erster Fernsehturm der Welt gilt, sowie einen 126 Meter hohen Antennenmast, der an jene Zeit erinnert, als die DDR die innerdeutsche Grenze schloss – und auch den Brocken sperrte. Damals wurde die einstige Zonengrenze, die

Auf dem Brocken. Stich des Göttinger Universitätskupferstechers
Ernst Ludwig Riepenhausen (1765–1840)

1945 die Gebiete der verschiedenen Besatzungsmächte ab-
steckte, nicht nur Staatsgrenze, sondern auch Todesstreifen.
In jenen Jahrzehnten (vom 13. August 1961 bis zum 3. Dezember 1989) diente die hoch aufragende Antenne als Sende-
und Abhöranlage der DDR-Staatssicherheit.

Angesichts dieser hohen Gebäude wirkte das frühere
»Brockenhaus« eher winzig. Ein Blick ins Gästebuch
zeigte, dass Heinrich Heine hier die Nacht vom 19. auf den
20. September verbracht hatte. Hier hatte er gespeist und
getrunken, geschwatzt und geschlafen – und später ausführlich über das »Wolkenhäuschen« berichtet: *Dieses
Haus, das, wie durch vielfache Abbildung bekannt ist, bloß
aus einem Parterre besteht und auf der Spitze des Berges
liegt, wurde erst 1800 vom Grafen Stolberg-Wernigerode
erbaut, für dessen Rechnung es auch als Wirtshaus verwaltet
wird. Die Mauern sind erstaunlich dick, wegen des Windes
und der Kälte im Winter; das Dach ist niedrig, in der Mitte
desselben steht eine turmartige Warte, und bei dem Hause*

liegen noch zwei kleine Nebengebäude, wovon das eine in früheren Zeiten den Brockenbesuchern zum Obdach diente.

Der Eintritt in das Brockenhaus erregte bei mir eine etwas ungewöhnliche, märchenhafte Empfindung. Man ist nach einem langen, einsamen Umhersteigen durch Tannen und Klippen plötzlich in ein Wolkenhaus versetzt; Städte, Berge und Wälder blieben unten liegen, und oben findet man eine wunderlich zusammengesetzte, fremde Gesellschaft, von welcher man ... halb neugierig und halb gleichgültig empfangen wird. Ich fand das Haus voller Gäste, und wie es einem klugen Manne geziemt, dachte ich schon an die Nacht, an die Unbehaglichkeit eines Strohlagers; mit hinsterbender Stimme verlangte ich gleich Tee, und der Herr Brockenwirt war vernünftig genug, einzusehen, dass ich kranker Mensch für die Nacht ein ordentliches Bett haben müsse. Dieses verschaffte er mir in einem engen Zimmerchen, wo schon ein junger Kaufmann, ein langes Brechpulver in einem braunen Oberrock, sich etabliert hatte.

In der Wirtsstube fand ich lauter Leben und Bewegung. Studenten von verschiedenen Universitäten. Die einen sind kurz vorher angekommen und restaurieren sich, andere bereiten sich zum Abmarsch, schnüren ihre Ranzen, schreiben ihre Namen ins Gedächtnisbuch und *erhalten* von den Hausmädchen *Brockensträuße*, die meist aus Heidelbeerkraut, Sonnentau, Wollgras, Brocken-Anemonen, Alpenhabichtskraut und Hexenkraut bestanden und die je nach Jahreszeiten wechselten.

Nach einer ausgiebigen Ruhepause bestieg Heine die Turmwarte, von wo *das freie, große Auge ruhig* hinabschauen konnte *in die freie, große Welt.* Fasziniert vom Fernblick, bannte er das Wunder der Natur in sein eigenes Kunstwerk: *Ja, in hohem Grade wunderbar erscheint uns alles beim ersten Hinabschauen vom Brocken, alle Seiten unseres Geistes empfangen neue Eindrücke, und diese, meistens verschiedenartig, sogar sich widersprechend, verbinden sich in unserer Seele zu einem großen, noch unentworrenen, unverstandenen Gefühl. Gelingt es uns, dieses Gefühl in seinem Begriff zu erfassen, so erkennen wir den Charakter des Berges. Dieser Charakter ist ganz deutsch, sowohl in Hinsicht seiner Fehler als auch seiner Vorzüge. Der Brocken ist ein Deutscher. Mit deutscher Gründlichkeit zeigt er uns klar und deutlich, wie ein Riesenpanorama, die vielen hundert Städte, Städtchen und Dörfer, die meistens nördlich liegen, und ringsum alle Berge, Wälder, Flüsse, Flächen, unendlich weit. ... Der Berg hat auch so etwas Deutschruhiges, Verständiges, Tolerantes; eben weil er die Dinge so weit und klar überschauen kann. Und wenn solch ein Berg seine Riesenaugen öffnet, mag er wohl noch etwas mehr sehen als wir Zwerge, die wir mit unsern blöden Äuglein auf ihm herumklettern.*

Als es *zu dämmern* begann, erzählte Heine weiter, wurde *die Luft ... noch kälter, die Sonne neigte sich tiefer, und die Turmplatte füllte sich mit Studenten, Handwerksburschen und einigen ehrsamen Bürgerleuten, samt deren Ehefrauen und Töchtern, die alle den Sonnenuntergang sehen wollten. Es* war *ein erhabener Anblick ... Wohl eine Viertelstunde standen alle ernsthaft schweigend und sahen, wie der schöne Feuerball im Westen allmählich versank ...*

Aaron und ich waren zum Sonnenuntergang fast allein auf dem Gipfel. Die meisten Ausflügler und Wanderer hatten das kahle Bergplateau schon verlassen. Mit angespannten Sinnen hockten wir neben einigen Granitblöcken und schauten in die Landschaft hinaus: Herrlich war's, als der glutrote Sonnenball hinter den übergipfelnden Berghängen verschwand. Herrlich war's, als die Unterseiten einiger

Wolken in vielfältigen Rottönen leuchteten und bunte Lichtstreifen in die Weite fächerten. Und herrlich war's, als sich die dunklen Bergkämme gegen ein letztes Licht des Himmels wie Silhouetten abzeichneten und die Stille eine magische Veränderung dieses Ortes bewirkte.

Als die Dämmerung ihre Schatten über das Land warf, schien es uns für einen Moment, als würde die Bergkuppe des Brockens wie eine Insel aus den sich schwarz färbenden Wäldern herausragen. Kurz darauf kam kalter Wind auf, der uns daran erinnerte, dass wir an dem windreichsten Ort Deutschlands standen. Weihnachten 1999 wurde hier die höchste Windgeschwindigkeit in der Bundesrepublik gemessen: 260 Stundenkilometer.

Es war höchste Zeit, dass wir uns auf den Weg machten, um im nahen Wald, unterhalb der Bergkuppe, einen geschützten Platz für das Zelt zu suchen. Die Stelle, auf die schließlich unsere Wahl fiel, erschien perfekt für ein gemütliches Nachtlager. Ein paar umgestürzte Bäume, die zwischen meterhohen Felsblöcken lagen, bildeten einen idealen Windschutz. Gleich nach dem Zeltaufbau bereiteten wir uns das Abendessen. Es gab Brot, Käse, Tomaten und Paprika, dazu Mineralwasser. Es schmeckte besser als jedes Fünf-Sterne-Essen, und wir genossen die Zeit der zunehmenden Dunkelheit, wenn der Tag geht und die Träume kommen.

Später, als Mond und Sterne ihr mattes Licht durch die windbewegten Baumwipfel warfen, kroch Aaron mit seinem MP3-Player und den Hörbuch-Kassetten in den Schlafsack. Ich dagegen setzte mich vor das Zelt und blätterte im Licht der Taschenlampe in der »Harzreise«. Ganz allmählich tauchte ich wieder in die Bilder- und Gedankenflut einer längst vergangenen Welt ein. Eine Welt, die mich 180 Jahre zurückführte, in jene Zeit, als Heinrich Heine nach Sonnenuntergang *auf dem Brocken spazieren* ging; *denn ganz dunkel wird es dort nie*, schrieb er. *Der Nebel war nicht stark, und ich betrachtete die Umrisse der beiden Hügel, die man Hexenaltar und die Teufelskanzel nennt.*

Plötzlich, inmitten des abendlichen Zwielichts, feuerte Heine seine *Pistolen ab.* Vermutlich wollte er am Gipfel des Brockens nur ein Echo hören. Doch ein Echo gab es nicht. Stattdessen vernahm er *bekannte Stimmen und* sah sich auf einmal *umarmt und geküsst* von einigen Studienkollegen, *die Göttingen vier Tage später* als er *verlassen hatten und bedeutend erstaunt waren*, ihn *ganz allein auf dem Blocksberg wiederzufinden. Da gab es* natürlich *ein Erzählen und Verwundern und Verabreden, ein Lachen und Erinnern ...*

Im großen Zimmer des Brockenhauses *wurde* schließlich *eine Abendmahlzeit gehalten. Ein langer Tisch mit zwei Reihen hungriger Studenten. Im Anfange gewöhnliches Universitätsgespräch: Duelle, Duelle und wieder Duelle.* Dann erst sprangen die Gesprächsthemen hin und her, wobei man das Essen *nicht aus den Augen* verlor, *und den großen Schüsseln, die mit Fleisch, Kartoffeln usw. ehrlich angefüllt waren, wurde fleißig zugesprochen.*

Je länger der Abend, desto *lauter und traulicher* wurde es, *der Wein verdrängte das Bier, die Punschbowlen dampften, es wurde getrunken, schmolliert und gesungen.* Ein fröhliches *Treiben, wo die Teller tanzen und die Gläser fliegen lernten ... Und draußen brauste es, als ob der alte Berg mitsänge, und einige schwankende Freunde behaupteten sogar, er schüttle freudig sein kahles Haupt und unser Zimmer werde dadurch hin und her bewegt. Die Flaschen wurden leerer und die Köpfe voller. Der eine brüllte, der andere fistulierte, ein Dritter deklamierte aus der »Schuld«, ein Vierter sprach Latein, ein Fünfter predigte von der Mäßigkeit, und ein Sechster stellte sich auf den Stuhl und dozierte:*

»Meine Herren! Die Erde ist eine runde Walze, die Menschen sind einzelne Stiftchen darauf, scheinbar arglos zerstreut; aber die Walze dreht sich, die Stiftchen stoßen hier und da an und tönen, die einen oft, die andern selten, das gibt eine wunderbare, komplizierte Musik, und diese heißt Weltgeschichte.

Am nächsten Morgen wurde Heine sehr früh vom Brockenwirt geweckt, *um den Sonnenaufgang anzusehen. Auf dem Turm fand ich schon einige Harrende, die sich die frierenden Hände rieben, andere, noch den Schlaf in den Augen, taumelten herauf. Endlich stand die stille Gemeinde von gestern Abend wieder ganz versammelt, und schweigend sahen wir, wie am Horizonte die kleine karmesinrote Kugel emporstieg, eine winterlich dämmernde Beleuchtung sich verbreitete, die Berge wie in einem weiß wallenden Meere schwammen und bloß die Spitzen derselben sichtbar hervortraten, so dass man auf einem kleinen Hügel zu stehen glaubte, mitten auf einer überschwemmten Ebene, wo nur hier und da eine trockene Erdscholle hervortritt. Um das Gesehene und Empfundene in Worte festzuhalten, zeichnete ich folgendes Gedicht:*

> Heller wird es schon im Osten
> Durch der Sonne kleines Glimmen,
> Weit und breit die Bergesgipfel
> In dem Nebelmeere schwimmen.
>
> Hätt' ich Siebenmeilenstiefel,
> Lief' ich mit der Hast des Windes
> Über jene Bergesgipfel
> Nach dem Haus des lieben Kindes.

Von dem Bettchen, wo sie schlummert,
Zög' ich leise die Gardinen,
Leise küsst' ich ihre Stirne,
Leise ihres Munds Rubinen.

Und noch leiser wollt' ich flüstern
In die kleinen Lilienohren:
Denk im Traum, dass wir uns lieben,
Und dass wir uns nie verloren!

Nach der Freude der ersten Sonnenstrahlen, die um den Brocken aufleuchteten, *eilte* Heine ins Gasthaus, *um in der warmen Stube Kaffee zu trinken. Es tat not;* denn *in* seinem *Magen sah es so nüchtern aus wie in der Goslarschen Stephanskirche. Aber mit dem arabischen Trank rieselte* ihm *auch der warme Orient durch die Glieder, östliche Rosen umdufteten* ihn, *süße* Lieder *erklangen, die Studenten verwandelten sich in Kamele,* und *die Philisternasen wurden Minaretts...*

Hiernach trug Heine sich mit dem Namenszug »H. Heine« (das »H.« stand damals noch für »Harry«) in das *Brockenbuch* ein, *worin alle Reisende, die den Berg erstiegen, ihre Namen schreiben, und die meisten noch einige Gedanken und, in Ermangelung derselben, ihre Gefühle hinzunotieren. Viele drücken sich sogar in Versen aus. In diesem Buche sieht man, welche Greuel entstehen, wenn der große Philistertross bei gebräuchlichen Gelegenheiten, wie hier auf dem Brocken, sich vorgenommen hat, poetisch zu werden. Der Palast des Prinzen von Pallagonia,* ereiferte sich Heine, *enthält keine so große Abgeschmacktheiten wie dieses Buch, wo besonders hervorglänzen die Herrn Akziseeinnehmer* (Steuereinnehmer) *mit ihren verschimmelten*

Hochgefühlen, die Kontorjünglinge mit ihren pathetischen Seelenergüssen, die altdeutschen Revolutionsdilettanten mit ihren Turngemeinplätzen, die Berliner Schullehrer mit ihren verunglückten Entzückungsphrasen ... Hier wird des Sonnenaufgangs majestätische Pracht beschrieben; dort wird geklagt über schlechtes Wetter, über getäuschte Erwartungen, über den Nebel, der alle Aussicht versperrt. »Benebelt heraufgekommen und benebelt hinuntergegangen!« ist ein stehender Witz, der hier von Hunderten nachgerissen wird.

Beim Blättern im Brockenbuch und dem Genuss eines *guten braunen Kaffees* vergaß Heine beinahe eine *schöne Dame*, die er Tags zuvor im Brockenhaus kennengelernt hatte. Doch unversehens *stand sie vor der Tür mit Mutter und Begleiter, im Begriff den Wagen zu besteigen. Kaum hatte ich noch Zeit hinzueilen und ihr zu versichern, dass es kalt sei. Sie schien unwillig, dass ich nicht früher gekommen; doch ich glättete bald die missmutigen Falten ihrer schönen Stirn, indem ich ihr eine wunderliche Blume schenkte, die ich den Tag vorher, mit halsbrechender Gefahr von einer steilen Felsenwand gepflückt hatte. Die Mutter verlangte den Namen der Blume zu wissen, da sie es unschicklich fand, dass* sich *ihre Tochter eine fremde, unbekannte Blume* an *die Brust* steckte.

Nun äußerte sich der *schweigsame Begleiter ..., zählte die Staubfäden der Blume und sagte ganz trocken: »Sie gehört zur achten Klasse.«*

Sofort war Heines satirischer Widerspruchsgeist geweckt, denn es *ärgerte* ihn *jedes Mal, wenn* er sah, *dass man auch Gottes liebe Blumen, ebenso wie die Menschen, in* Schubladen und Kategorien teilte, *nach ähnlichen Äußerlichkeiten, nämlich nach Staubfäden-Verschiedenheit. Soll doch mal eine Einteilung stattfinden, so folge man dem Vorschlage Theophrasts, der die Blumen mehr nach dem*

Geiste, nämlich nach ihrem Geruch, einteilen wollte. *Was mich betrifft, so habe ich in der Naturwissenschaft mein eigenes System, und demnach teile ich alles ein: in dasjenige, was man essen kann, und in dasjenige, was man nicht essen kann.*

Der *älteren Dame* blieb *die geheimnisvolle Natur der Blumen* gleichwohl *verschlossen, und unwillkürlich äußerte sie: dass sie von den Blumen, wenn sie noch im Garten oder im Topfe wachsen, recht erfreut werde, dass hingegen ein leises Schmerzgefühl traumhaft beängstigend ihre Brust durchzittere, wenn sie eine angebrochene Blume sehe – da eine solche doch eigentlich eine Leiche sei und so eine gebrochene, zarte Blumenleiche ihr welkes Köpfchen recht traurig herabhängen lasse, wie ein totes Kind.* Beinahe *erschrocken über den trüben Widerschein ihrer Bemerkung,* erschien es Heine als *Pflicht,* die spürbar melancholische Stimmung *mit einigen Voltaireschen Versen zu verscheuchen.* Alle *lachten, Hände wurden geküsst, huldreich wurde gelächelt, die Pferde wieherten, und der Wagen holperte langsam und beschwerlich den Berg hinunter.*

Nur wenig später machte sich auch Heine mit seinen Kommilitonen zur Abreise bereit; *die Ranzen wurden geschnürt, die Rechnungen, die über alle Erwartung billig ausfielen,* beglichen, und *die empfänglichen Hausmädchen, auf deren Gesichtern die Spuren glücklicher Liebe, brachten, wie gebräuchlich ist, die Brockensträußchen,* die man an den Mützen befestigte, ehe die Mädchen *dafür mit einigen Küssen oder Groschen honoriert* wurden.

Dann stiegen alle den Berg hinab. Und während die eine Gruppe *den Weg nach Schierke* nahm, zog Heine mit *ungefähr zwanzig* seiner *Landsleute* in Richtung Ilsenburg – *angeführt von einem Wegweiser,* womit Heine jene ortskundigen Frauen aus Schierke meinte, die damals als »Wegweiser« arbeiteten und die den Wandersleuten nicht nur den Weg durchs Gebirge zeigten, sondern gegen Bezahlung auch ihr Gepäck trugen – zu Fuß, mit dem Pferd oder per Esel.

Zudem hatte Heines *humoristisch bunt* gekleidete Wandergruppe beim Abstieg vom Brocken ungeheures Glück mit dem Wetter: *Die Sonne goss … ihre festlichen Strahlen herab und beleuchtete die* jungen Studenten, *die so munter durch das Dickicht drangen, hier verschwanden, dort wieder zum Vorschein kamen, bei Sumpfstellen über die quergelegten Baumstämme liefen, bei abschüssigen Tiefen an den rankenden Wurzeln kletterten, in den ergötzlichsten Tonarten emporjohlten und ebenso lustige Antwort zurückerhielten von den zwitschernden Waldvögeln, von den rauschenden Tannen, von den unsichtbar plätschernden Quellen und von dem schallenden Echo.*

Der Abschied vom Brockengipfel fiel uns nicht leicht. Zu schön war der sentimental-kitschige Sonnenuntergang, zu fantastisch der Fernblick. Doch nun hieß es wieder: gehen, gehen, gehen, einen Fuß vor den anderen setzen und ein ruhiges Gleichmaß der Schritte finden, während die Ohren in die weite Landschaft horchten und die Augen abwärtsschauten.

Die Morgenkühle lähmte uns noch ein bisschen die Glieder, und der Wind, der uns um die Ohren pfiff, jagte die Wolken nach Osten, bewegte die hohen Gräser am Wegesrand zu abstrakten Mustern. Ich ließ mir Zeit beim Abstieg, weil abwärts laufen schwieriger ist als aufwärts. Wo beim Anstieg die Waden zwicken, da geht es bergab in die Schienbeine, Kniegelenke und Bandscheiben. Zudem drückt der Rucksack viel schwerer ins Kreuz. Ich hasse das.

Aaron lief hingegen munter pfeifend vorneweg, marschierte in schwungvoller Gangart. Sein Tempo kam gewiss dem von Heinrich Heine nahe, der mit seinen Studienkollegen *die kahle Partie des Berges mit den darauf zerstreuten Steingruppen schon* in kürzester Zeit bewältigt hatte. Die Wege abwärts wirken für manche Menschen eben viel kürzer, selbst wenn sie, nach Metern gemessen, eigentlich länger sind.

Flusswandern
an der Ilse

Je weiter wir uns vom Gipfelplateau des Brockens entfernten, desto näher rückte der Wald. Mittendrin glucksten kleine Wasseräderchen durch Gräser und Moose. Immer wieder *hüpften* sie *hastig aus ihrem Versteck, verbanden sich mit der zuerst hervorgesprungenen* Quelle, *und bald bildeten sie zusammen ein schon bedeutendes Bächlein, das in unzähligen Wasserfällen und in wunderlichen Windungen das Bergtal hinabrauscht.*

Wir gingen geradewegs auf das ferne Geräusch des Ilse-Flusses zu, dessen schäumende Wasser sich über Gesteinsstufen in die Tiefe stürzten, um in das Harzer Vorland hinauszufließen. Die Luft war sonnig warm, als der gekennzeichnete Weg zu einem rutschigen Trampelpfad wurde, wo wir auf lockere Steine, ausgewaschene Bodenlöcher und abgebrochene Äste achten mussten. Gleichwohl erfüllte es uns immer mit Begeisterung, wenn wir mit unseren Schritten genau an der richtigen Stelle aufsetzten. Manchmal wurde es für uns sogar zum Spiel, den bestmöglichen Halt für die Füße zu finden.

Hinter dem Oberen Meineckenberg (644 m) und dem Oberen Gebhardberg (550 m) gelangten wir zum »Heinrich-Heine-Weg«, wo sich das Ilsetal erstreckt. Eines der schönsten Täler im Harz. Hier schien alles Grün noch viel grüner. Und von Flusswindung zu Flusswindung folgten wir jenem Fluss, den Heinrich Heine so zauberhaft beschrieb: *Das ist nun die Ilse ... Sie zieht sich durch das gesegnete Ilsetal, an dessen beiden Seiten sich die Berge all-*

mählich höher erheben, und diese sind bis zu ihrem Fuße meistens mit Buchen, Eichen und gewöhnlichem Blattgesträuche bewachsen, nicht mehr mit Tannen und anderem Nadelholz. ... Es ist unbeschreibbar, mit welcher Fröhlichkeit, Naivität und Anmut die Ilse sich hinunterstürzt über die abenteuerlich gebildeten Felsstücke, die sie in ihrem Lauf findet, so dass das Wasser hier wild emporzischt oder schäumend überläuft und *plötzlich ... den träumenden Dichter* zu leidenschaftlichen Versen inspirierte, wobei es den Anschein hat, als hätte Heine die Stimme der sagenumwobenen Prinzessin Ilse tatsächlich gehört, die ihn umschmeichelte, umwarb und lockte:

Ich bin die Prinzessin Ilse,
Und wohne im Ilsenstein;
Komm mit nach meinem Schlosse,
Wir wollen selig sein.

Dein Haupt will ich benetzen
Mit meiner klaren Well',
Du sollst deine Schmerzen vergessen,
Du sorgenkranker Gesell!

In meinen weißen Armen,
An meiner weißen Brust,
Da sollst du liegen und träumen
Von alter Märchenlust.

Ich will dich küssen und herzen,
Wie ich geherzt und geküsst
Den lieben Kaiser Heinrich,
Der nun gestorben ist.

Es bleiben tot die Toten,
Und nur der Lebendige lebt;
Und ich bin schön und blühend,
Mein lachendes Herze bebt.

Komm in mein Schloss herunter,
In mein kristallenes Schloss,
Da tanzen die Fräulein und Ritter,
Es jubelt der Knappentross.

Es rauschen die seidenen Schleppen,
Es klirren die Eisensporn,
Die Zwerge trompeten und pauken
Und fiedeln und blasen das Horn.

Doch dich soll mein Arm umschlingen,
Wie er Kaiser Heinrich umschlang;
Ich hielt ihm zu die Ohren,
Wenn die Trompet' erklang.

Im Angesicht der Ilse empfand Heine ein *unendlich* seliges *Gefühl, wenn die Erscheinungswelt mit* der *Gemütswelt zusammenrinnt und grüne Bäume, Gedanken, Vögelgesang, Wehmut, Himmelsbläue, Erinnerung und Kräuterduft sich in süßen Arabesken verschlingen. Die Frauen kennen am besten dieses Gefühl,* notierte Heine, *und darum mag auch ein so holdselig ungläubiges Lächeln um ihre Lippen schweben, wenn wir mit Schulstolz unsere logischen Taten rühmen, wie wir alles so hübsch eingeteilt in objektiv und subjektiv, wie wir unsere Köpfe apothekenartig mit tausend Schubladen versehen, wo in der einen Vernunft, in der andern Verstand, in der dritten Witz, in der vierten schlechter Witz,* und in der fünften gar nichts, nämlich die Idee, enthalten ist.

Wie im Traume fortwandelnd, folgten auch wir auf einem schmalen Pfad der schäumenden Ilse. Ihr Geräusch war unsere Begleitmusik. Unablässig murmelte, plätscherte und rauschte es, während wir umgestürzte Baumriesen passierten, die zuweilen quer über den Flusslauf lagen. An den Uferböschungen häuften sich mächtige Felsbrocken, mit Flechten und Moospolstern bewachsen, unter denen bizarre Baumwurzeln hervorlugten.

Es war ein spannender und abwechslungsreicher Weg in Richtung Ilsenburg. Immer wieder lagen dem Lauf der Ilse markante Felsbuckel oder hohe Erdwülste im Weg, sodass wir dem Fluss mal rechts, mal links, mal über eine Brücke folgten. Manchmal kleckste die Sonne helle Flecken auf den Fluss, planschten Kinder laut schreiend im Wasser oder tosten die Ilsefälle bedrohlich. Dann wieder mussten wir auf schmalen, hohen Pfad bizarres Astwerk oder kantige Steinblöcke überwinden. Meist war viel Konzentration gefordert, wenn wir über diese Hindernisse mehr kletterten als gingen. Schon der kleinste Fehltritt hätte ausgereicht, um in den tiefer gelegenen Fluss zu stürzen.

Gleichwohl waren wir von diesem Stück Natur hellauf begeistert. Es war, als hätte sich seit Hunderten von Jahren nichts verändert.

Hatte Heinrich Heine diesen Wald ebenso erlebt wie wir?

Es war ein Wald, der eigentlich gar kein Wald war, sondern ein wild wucherndes Immergrün, ein Geflecht aus Stämmen und Gezweig, Ästen und Gestrüpp. Alles wuchs dicht an dicht. Nirgendwo war ein freier Platz oder eine Lichtung zu sehen. Vor uns lag eine beinahe undurchdringliche grüne Wand, in die wir ganz langsam, Schritt für

Schritt, eintauchten, als wir irgendwann den vorgezeichneten Pfad verließen, um diese Wildnis hautnah zu erleben.

Während sich hoch oben über unseren Köpfen ausladende Baumwipfel zu mächtigen Kuppeln schlossen, spürten wir unter unseren Füßen einen federnden Teppich aus Blättern, Tannennadeln und Moos. Wie im Zeitlupentempo stiegen wir über moderndes Astwerk, das aussah wie Skelette von fossilen Tierleibern, suchten im dichten Unterholz nach Ein- und Durchlässen und blieben mit den Rucksäcken immer wieder an verstricktem Gezweig hängen. In dieser ebenso faszinierenden wie abweisenden Welt konnte man sich eingeschlossen oder eingesperrt fühlen. Es herrschte eine seltsame Atmosphäre grüner Gewalt, wo Pflanze gegen Pflanze kämpfte. Der Wald wirkte als eine von allen Seiten umgebende, bedrängende Masse.

Hier war geblieben, was einst war.

Nackte Natur.

Wald im Rohzustand.

Unordnung und Chaos, ungezähmt.

Herrlich.

Nach zwei Stunden querwaldein brauchten wir eine Pause. Verschwitzt und von Mücken zerstochen, ließen wir uns auf einer Anhäufung von Granitblöcken nieder, die übereinandergeschichtet eine steinerne Sitzgruppe bildeten. Um uns herum: Treibhausluft und Modergeruch, Wolken von farbigen Faltern und ganze Heerscharen von Käfern, Fliegen und Ameisen. Grelle Lichtbahnen flossen stellenweise in hellen Bahnen zwischen dichtem Grün zu Boden.

War das wirklich der Harz?

Oder träumten wir?

Alles wirkte so unheimlich und gespenstisch – aber auch anziehend und erregend.

Als wir beim Verschnaufen rings um uns schauten, wurde die Flut der Eindrücke beinahe übermächtig. Selbst die kühnste Fantasie hätte den Formen- und Farbenreichtum dieser grünen Welt kaum ersinnen können. Die märchenhafte Vielgestaltigkeit war unbeschreiblich und entsprach nicht mehr den Erfahrungen, die ich sonst mit einem Wald verband. Es machte unglaublichen Spaß, der Natur so nahe zu kommen, ein Teil von ihr zu sein. Ein Gefühl, als würde man in das Elementare zurücksinken.

In diesen Augenblicken musste ich an die grandiosen Wälder Alaskas denken und an den üppigen Bergdschungel des Mount-Elgon-Vulkans im Nordwesten Kenias, der mich vor Jahren auf einer Fußwanderung durch Ostafrika in seinen Bann gezogen hatte. Niemals hätte ich erwartet, dass die Wälder im Harz ebenso eindrucksvoll sein würden. Vor allem das Waldgebirge entlang der Ilse brauchte sich vor seinen fernen, exotischen Verwandten nicht zu verstecken.

Zudem stießen wir immer wieder auf Farn, der mich begeisterte und zu Schwärmereien verführte. Ganze Waldhänge hatte er erobert. Seine Blätter changierten in allen Grünschattierungen. Jene fragil wirkenden Wedel, die wie feinste Lochstickerei wirkten und die eine Höhe von bis zu einem Meter erreichten. Für mich repräsentiert diese Schattenpflanze, die die direkte Sonne meidet, ein Stück Urnatur. Nicht ohne Grund: Wissenschaftler fanden bei Forschungsarbeiten eine Menge Farnwedel in fossilen Ausgrabungsstücken und konnten die Pflanze als Überlebende des Karbon-Zeitalters bestimmen, was bedeutet, dass die Farne über 400 Millionen Jahre alt sind. Zusammen mit anderen Pflanzen bildeten sie einst bis zu 30 Meter hohe Wälder: die Basis für viele Steinkohlevorkommen.

Bemerkenswert ist, dass die Wissenschaft über das Geschlechtsleben der Farne lange Zeit nichts wusste. Bis ins

19. Jahrhundert blieb ihre Fortpflanzung geheimnisumwittert. Dann erst entdeckte man, dass sich der Farn weder durch Keimlinge noch durch Samen vermehrt, sondern durch verborgene Sporen, die sich auf der Unterseite der Wedel befinden.

Ebenso geheimnisvoll sind die Namen der Farne: Da gibt es den Königsfarn, der seine Wedel majestätisch zum Himmel streckt, den Straußenfarn, der mit trichterförmigen Wedeln bis zu einem Meter hoch wird, den Rotschleierfarn, der sich in rötlich schimmernden Wedeln präsentiert, den Tüpfelfarn, dessen Wedel nur eine Länge von 25 Zentimetern erreichen, und den Kronenfarn, der selbst ein Menschenalter überlebt.

All diese Pflanzen machen ihrem Namen alle Ehre – und sind auf der ganzen Erde vertreten. Bis zu 12000 Arten gibt es. Und davon gedeihen sogar 30 auf Grönlands eisigem Eiland.

An den Uferhängen der Ilse, wo uns die wilde Natur mit jedem Schritt vertrauter wurde, verbreiteten die Farne zuweilen eine regelrechte Märchenaura. Aaron erinnerte sich manchmal an einige Sagen, in denen sich Elfen und Trolle in leuchtend grünen Farnwedeln verbargen. Mehr noch. Als »Hexenkraut« benannt, wurden dem Farn früher geheimnisvolle Kräfte zugeschrieben. Und in Shakespeares Drama »Heinrich IV.« heißt es sogar: »Wir gehen unsichtbar, denn wir haben Farnsamen bekommen.«

Nachtmarsch auf den
Spuren eines Poeten

Zu beiden Seiten des Weges war der Wald ein grüner Vorhang. Wir hatten herrliches Sonnenwetter, und zwischen den breiten Baumwipfeln wechselten dunkle Schatten mit hellem Licht. Eine kühle Brise führte Humusgeruch mit sich, während wir dem rauschenden Flusslauf der Ilse weiterhin folgten.

Hin und wieder kamen wir an Stellen, wo wir für einige Minuten stehen blieben und ich die Ausblicke über das Ilsetal und den mäandernden Flusslauf gierig in mich hineinsog, um die Bilder der Landschaft mitzunehmen. Manchmal hatte ich hier sogar den Eindruck, als würde man aus der Geschichte fallen – und Begriffe wie »gestern«, »heute« oder »morgen« erschienen mir völlig unwichtig. Stattdessen fühlte ich mich der Gegenwart ganz anheimgegeben, konnte vollkommen loslassen und unbeschwert vorwärtsgehen.

Kurz vor dem gefälligen Fachwerkstädtchen Ilsenburg, das bereits 995 erstmals als königliche Jagdpfalz erwähnt wurde, trafen wir auf eine asphaltierte Straße mit Hotel und Gasthof. Vis-à-vis zweigte ein breiter Waldweg zum hoch aufragenden »Ilsenstein« ab, einem dicht bewaldeten Felshügel, den wir – wie Heinrich Heine – besteigen wollten.

Noch heute ranken sich viele Legenden um den 474 Meter hohen Ilsenstein. Ein sagenumwobener *Granitfelsen, der* inmitten von dichten Waldhängen 150 Meter lotrecht aufragt. *Von drei Seiten umschließen ihn die hohen, waldbedeckten Berge, aber die vierte, die Nordseite, ist frei, und hier schaut man* nach *Ilsenburg und* zur *Ilse, die weit* unten

DER ILSENSTEIN.

Der Ilsenstein. Kupferstich von A. Schulz nach einer Zeichnung
von H. Grape

liegt. *Auf der turmartigen Spitze des Felsens steht ein großes
eisernes Kreuz, und zur Not ist da noch Platz für vier Men-
schenfüße*, bemerkte Heine.

Hier, wo *die Natur durch Stellung und Form den Ilsenstein mit phantastischen Reizen geschmückt* hatte, konnte
man deutlich Heines besonderes Verhältnis zur Märchen-
und Sagenwelt spüren, wenn er aus Gottschalcks Wander-
führer, den er bei sich trug, zitierte: *»Man erzählt, hier habe
ein verwünschtes Schloss gestanden, in welchem die reiche,
schöne Prinzessin Ilse gewohnt, die sich noch jetzt jeden
Morgen in der Ilse bade; und wer so glücklich ist, den rechten Zeitpunkt zu treffen, werde von ihr in den Felsen, wo
ihr Schloss sei, geführt und königlich belohnt.« Andere* wieder *erzählen, es soll der altsächsische Kaiser Heinrich gewesen sein, der mit Ilse, der schönen Wasserfee, in ihrer*

verzauberten Felsenburg die kaiserlichsten Stunden genoss.
Ein neuerer Schriftsteller, Herr Niemann, Wohlgeb., behauptete *indes: »Was man von der schönen Prinzessin Ilse erzählt, gehört dem Fabelreich an.«* Doch so *sprechen* nur jene *Leute*, vermerkte Heine, *denen eine solche Prinzessin niemals erschienen ist, wir aber, die wir von schönen Damen besonders begünstigt werden, wissen das besser. Auch Kaiser Heinrich wusste es. Nicht umsonst hingen die altsächsischen Kaiser so sehr an ihrem heimischen Harze.*

Noch heute kann man in alten Chroniken die Bildnisse der *guten, alten Herren in wunderlich treuherzigen Holzschnitten* sehen, *wohlgeharnischt, hoch auf ihrem gewappneten Schlachtross, die heilige Kaiserkrone auf dem teuren Haupte, Zepter und Schwert in festen Händen; und auf den lieben, knebelbärtigen Gesichtern kann man deutlich lesen, wie oft sie sich nach den süßen Herzen ihrer Harzprinzessinnen und dem traulichen Rauschen der Harzwälder zurücksehnten, wenn sie in der Fremde weilten, wohl gar in dem zitronen- und giftreichen Welschland, wohin sie und ihre Nachfolger so oft verlockt wurden von dem Wunsche, römische Kaiser zu heißen, einer echtdeutschen Titelsucht, woran Kaiser und Reich zugrunde gingen.*

Der Himmel hüllte sich in leichtes Grau, als wir zum Ilsenstein aufstiegen. Es war keine schwierige Wanderung, eher ein lockerer Spaziergang. Die Hänge zu beiden Seiten des Weges waren durchweg dicht bewaldet. Hier und da hatten Waldarbeiter schmale Schneisen und helle Lichtungen in die Waldwirrnis gerodet. Mächtige Laubbäume wechselten mit knorrigen Wurzeln und umgestürzten, schwammigen Stämmen, auf denen ganze Pflanzenkolonien siedelten. Verwesungsenergie wurde zu neuer Vegetation. Und die Luft war vom Duft frisch geschlagenen Holzes gesättigt.

Eine letzte Anhöhe, dann war der Ilsenstein geschafft. Doch nun hatte sich der Himmel vollständig zugezogen. Dunst und Regen trübten den Blick auf das Gipfelkreuz. Und als ein Schwall Wasser nach dem anderen auf uns niederprasselte, warfen wir entnervt unsere dunkelblauen Plastikumhänge über die Rucksäcke und sahen aus wie zwei Glöckner von Notre-Dame.

Gerade hier, auf *der turmartigen Spitze* des Ilsensteins, hätten wir gern unter blauem Himmel gesessen. Denn hier war es, wo Heinrich Heine *in Gedanken verloren* stand und *plötzlich die unterirdische Musik* jenes *Zauberschlosses* hörte, in dem die schöne Prinzessin Ilse der Sage nach leben sollte. Und hier war es, wo Heine *vom Schwindel erfasst* wurde. Ganz plötzlich *sah er, wie sich die Berge ringsum auf die Köpfe stellten, und die roten Ziegeldächer zu Ilsenburg anfingen zu tanzen, und die grünen Bäume in der blauen Luft herumflogen ...* Es wurde ihm regelrecht *blau und grün vor Augen – und* er wäre *sicher ... in den Abgrund gestürzt ...* Doch geistesgegenwärtig klammerte er sich *ans eiserne Kreuz ... Dass ich, in so misslicher Stellung, dieses ... getan habe, wird mir gewiss niemand verdenken*, schrieb er in der »Harzreise« – eine bedeutungsvolle und hintersinnige Anspielung auf seine Taufe, die Heine 1825, kurz vor seinem Studienabschluss, ebenfalls aus der Not heraus hatte vornehmen lassen, um sich in seiner *misslichen Stellung* als Jude, der als Jurist ein berufliches Auskommen finden wollte, zu helfen. Denn einem Juden war es in Preußen weder erlaubt, Rechtsanwalt zu werden, noch ein öffentliches Amt zu bekleiden. Die Mühen des Jurastudiums, von denen Heine sich auf seiner Wanderung durch den Harz erholen wollte, lohnten sich für ihn also überhaupt nur dann, wenn er sich taufen ließ – ein Schritt, der ihm sehr schwerfiel, wie ein Brief an einen Freund zeigt, in dem er schrieb:

Aus meiner Denkungsart kannst Du es Dir wohl abstra-hiren daß mir die Taufe ein gleichgültiger Akt ist, daß ich ihn auch symbolisch nicht wichtig achte, und daß er in den Verhältnissen u auf der Weise wie er bey mir vollzogen wer-den würde, auch für Andere keine Bedeutung hätte. Für mich hätte er vielleicht die Bedeutung daß ich mich der Ver-fechtung der Rechte meiner unglücklichen Stammsgenos-sen mehr weihen würde. Aber dennoch halte ich es unter meiner Würde u meine Ehre befleckend wenn ich, um ein Amt in Preußen anzunehmen, mich taufen ließe. Im lieben Preußen!!! Ich weiß wirklich nicht wie ich mich, in meiner schlechten Lage helfen soll. Ich werde noch aus Aerger ka-tholisch u hänge mich auf.

Am Ende wurde er dann lieber Protestant, betonte aber: *... wenn die Gesetze das Stehlen silberner Löffel erlaubt hätten, so würde ich mich nicht getauft haben.*

Das Erreichen des Ilsensteins war für mich auch die Erfül-lung einer unbestimmten Sehnsucht. Hier brach Heines »Harzreise«, seine literarische Flucht aus Göttingen, ab. Tat-sächlich wanderte er noch ein ganzes Stück weiter, was er in seinem Buch aber unerwähnt ließ. Erst in seinem Nachlass wurden einige Textseiten mit Beschreibungen seiner weite-ren Wanderung durch den Unterharz gefunden, Eindrücke und Erlebtes von seinem Weg von Ilsenburg nach Wernige-rode, Elbingerode und Rübeland ins Selketal. Ganz klar, dass diese Nachlassseiten für mich ein »Muss« waren, um der Route Heinrich Heines weiter durch Sachsen zu folgen.

So stiegen wir vom Ilsenstein hinab und folgten weiter Hei-nes Spuren in *das heitere Ilsenburg*, einen kleinen, maleri-schen Ort mit kaum mehr als 7000 Einwohnern, wo schon 1546 der erste Hochofen in Betrieb genommen worden war.

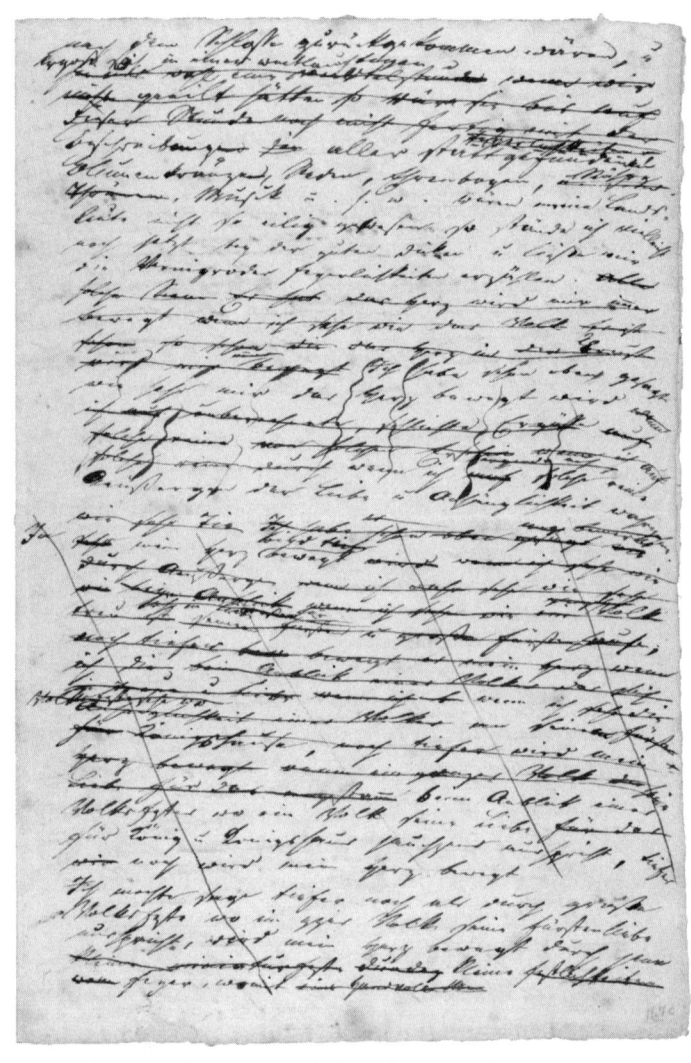

Aus Heines Nachlass: Manuskript mit Entwürfen zu einer geplanten Fortsetzung der »Harzreise« (entstanden im Winter 1825/26)

In der »*Roten Forelle*«, einem idyllisch gelegenen *Wirtshaus*, kehrte Heine mit seinen Begleitern ein. Hier war auch *ein herrlicher Garten, wo* er *liebliche Mädchengesichter und schöne Blumen sah und mit einigen Hallensern zu Mittag aß und wirklich gute Suppe und guten Wein genoss und des umklammerten Kreuzes gedachte ...*

Noch heute gilt das Landhaus »Zu den Rothen Forellen«, das bereits seit 1574 existiert, als erstes Haus am Platz. Es liegt direkt am Ilsenburger Forellenteich, einem romantisch anmutenden kleinen See, der durch seine Stille und Einfachheit bezaubert. Heine war übrigens nicht der einzige berühmte Dichter, der hier speiste: Auch Friedrich Schiller und Hans Christian Andersen genossen an diesem Ort eine Mahlzeit.

Auf der Terrasse dieses wunderschönen Fachwerkhotels aßen wir zu Mittag, als ein fast zwei Meter großer Mann zu uns an den Tisch trat. Er war mittleren Alters, trug Jeans, eine blaue Fleecejacke und schulterlanges Haar. Es war Markus, ein guter Freund aus Rostock! Einer, der das Herz auf dem rechten Fleck hat. Nach der Wende und dem Fall der innerdeutschen Grenze war er mit einem Gefährten um die Welt geradelt, durch Asien getrampt und über die russische Vulkanhalbinsel Kamtschatka gewandert – lauter abenteuerliche Reisen, die zu dicken Büchern wurden.

»Mensch, Markus, was machst du denn hier?«, fragte ich erfreut.

»Ich hab euch gesucht«, sagte er lachend und erzählte, dass er vor zwei Tagen beruflich in Wolfenbüttel zu gehabt hatte. Da es von dort nur einen Katzensprung in den Harz war, hatte er meine Frau angerufen und gefragt, wo er uns treffen könnte. So war er nach Ilsenburg gekommen. Denn: »Der Harz gehört zu meinen Kinderträumen. Hier habe ich mit meinen Eltern Urlaub gemacht ... Eine schöne

Zeit war das damals ... Deshalb würde ich euch beim Wandern gern ein paar Tage begleiten.«

Sein Grinsen wurde zu einem richtigen Lächeln, als er hinzufügte: »Stiefel und Rucksack habe ich übrigens dabei. Liegt alles im Auto.«

Ich schaute kurz zu Aaron hinüber, der mir bejahend zunickte. »Dann lass uns heut' Abend zusammen aufbrechen«, sagte ich.

»Am Abend?«

»Ja. Ich hoffe, du bist gut ausgeschlafen. Aaron hat sich nämlich heute einen Nachtmarsch gewünscht. Es geht in Richtung Wernigerode.«

»Kein Problem«, meinte Markus, und seine Augen glänzten. »Das ist genau das, was ich brauche. Wird mir guttun!«

»Das Wetter soll übrigens trocken bleiben«, fügte ich hinzu. »Alle Vorhersagen sind gut. Kein Regen, kein Sturm. Es wird bestimmt eine schöne Nacht werden.«

So kam es, dass wir Ilsenburg erst nach Sonnenuntergang verließen, zu dritt. Mit ruhigen und gleichmäßigen Schritten liefen wir durch die Abenddämmerung. Wir hatten es nicht eilig. Denn Wernigerode, das nur zehn Kilometer entfernt lag, wollten wir erst am Vormittag erreichen.

Je dunkler es wurde, desto häufiger blickten wir mit dem Kopf im Nacken zum Himmel hinauf, wo die Sterne funkelten, einer neben dem anderen. Ein grandioser Glitzerteppich, fast zum Greifen nah. Mittendrin stand ein riesiger Vollmond, der sein magisches Licht über Wald und Wiesen ergoss. Die schwarzen Silhouetten der Bäume erschienen uns merkwürdig unwirklich. Und manche Stämme sahen aus wie überdimensionale Gespenster.

Zudem war der nächtliche Wald voller Geräusche: Von überall drangen Töne an unsere Ohren. Es knackte, ra-

schelte und knirschte. Irgendwo klapperten ein paar Stein-
chen. Eine Eule rief, und wir hörten das krächzende Ge-
quake der Frösche. Es war, als würde die milde, feuchte
Luft vibrieren. Und über allem lag der Ursound des Windes, mal sanft, mal rau.

Als das Licht des Mondes abnahm und die Walddunkel-
heit in Finsternis überging, legten wir uns mit den Schlafsäcken im Schutz einiger Bäume zur Ruhe. Voller Seelenfrie-
den wollten wir im Hochgefühl unserer Nachtwanderung
noch ein paar Stunden schlafen.

Erst in der Morgendämmerung weckte uns die kühle
Luft. Über einer großen Lichtung färbte sich im Osten der
Himmel milchig rosa, und das Gekreische der erwachenden
Vögel begann. Rasch verlor der Wald seine Düsternis. Wir
sahen kräftige Bäume mit vollem Blattwerk und kränkliche
Stämme, die wie knorrige Gebilde wirkten. An einem son-
nigen Hang entdeckten wir farbenprächtige Wildblumen.
Und dort, wo der Waldboden morastig war, breitete sich
sattes Grün aus, gediehen Sumpfdotterblume und Löwen-
zahn.

Gleichwohl nahmen wir unsere Umgebung an manchen
Stellen nur verschwommen wahr. Das lag nicht am mor-
gendlichen Zwielicht, sondern am Frühnebel. Er waberte
zwischen Wald und Wiesen und überzog die ganze Vegetation mit perlender Nässe. Wie Phantome tauchten manche
Bäume aus dem Nebel auf, um Augenblicke später wieder
hinter milchigen Schleiern zu entschwinden.

Ich liebe diese Grauschwaden am Morgen, die beweisen,
dass eine grüne Wiesen- und Waldlandschaft im sanften,
leicht schwebenden Nebel noch romantischer wirken kann
als nach einem frischen Regen.

Drei Stunden später erreichten wir Wernigerode. Male-
risch lag die fast tausend Jahre alte Stadt vor den grün an-

steigenden Harzhügeln. Im Mittelalter kreuzten sich hier wichtige Handelswege. Brauereien, Tuch- und Lederhändler sorgten für Wohlstand, ehe Feuersbrünste, Pest und der Dreißigjährige Krieg große Teile der Stadt zerstörten. Geblieben sind schmucke Fachwerkhäuser aus vier Jahrhunderten mit bunten Balken und reichen Schnitzereien. Sie gelten heute ebenso als Magnet für die rund zwei Millionen Besucher im Jahr wie das spätgotische Rathaus mit seinen beiden markanten Erkertürmen und dem Walmdach.

Überragt wird Wernigerode von einem Schloss, das im 12. Jahrhundert noch als Burg diente. Eindrucksvoll thront es mit vielen Türmen und Erkern auf dem Agnesberg. Zwischen 1862 und 1883 wurde es vollständig umgebaut und erhielt sein heutiges neugotisches Aussehen.

Heinrich Heine nahm das Schloss als *großes grauweißes Viereck mit einem Anhang von vielen kleinen Gebäuden* wahr, *nichts weniger als geschmackvoll und regelmäßig und gleichsam nur des Bedürfnisses wegen leicht hingestellt, erscheint aber eben deshalb um so wohnlicher und gemütlicher, und wenn man es zuerst erblickt, wie es von seinem Berge, nicht zu hoch und nicht zu niedrig, so recht ernstfreundlich und wohlmeinend die Stadt überragt, so macht es einen ganz eigenen stillfreudigen Eindruck.*

Die *Stadt selbst* erlebte Heine *sehr festlich ... die Häuser waren mit großen Eichenkränzen behängt,* und *die Leute trugen ihre besten bunten Kleider ...* Grund dafür war die Rückkehr der *langerwarteten* Schlossgrafen, die von den Einwohnern mit großem Hurra empfangen wurden. Die dicke Wirtin im Gasthaus *zum »Bären«* gab Heine sogar eine ausführliche Schilderung des Festes: Sie *ergoß sich in einer weitläufigen Beschreibung aller stattgefundenen Feierlichkeiten, Blumenkränze, Reden, Ehrenbogen, Rührung, Musik usw. Wären meine Landsleute nicht so eilig ge-*

wesen, so stände ich vielleicht noch jetzt bei der guten Dicken und ließe mir die Wernigeroder Feierlichkeiten erzählen.

In einem kleinen Lokal auf dem Marktplatz von Wernigerode saßen Aaron, Markus und ich bei Apfelstrudel, Kaffee und Mineralwasser. Wir entspannten uns vom Nachtmarsch und verfolgten aufmerksam das bunte Treiben um uns herum: Da posierten Touristen für Fotos vor alten Gebäuden, blätterten Pärchen mit suchenden Blicken in flatternden Stadtplänen, tobten Schulkinder um den großen Marktbrunnen, während zwei ältere Herren mit Rucksack, Hut und knorrigem Wanderstock auf der Treppe zum alten Rathaus saßen und in bester Laune ihre Brote aßen.

»Mir kommt es hier vor wie früher«, sagte Markus, wobei er mit dem Wort »früher« die DDR-Zeit meinte, in der er aufgewachsen war. »Wernigerode war schon damals ein Vorzeigeobjekt für Touristen, als ich mit meinen Eltern hier Urlaub machte.«

»Weißt du noch, wann das war?«, fragte ich.

»Das muss Anfang der achtziger Jahre gewesen sein. Ich war zwölf oder dreizehn. Damals sind wir mit dem Auto von Rostock aus in den Harz gefahren. Für ein Kind war das eine Weltreise. Schon die Abende vor der Abfahrt konnte ich kaum einschlafen vor lauter Aufregung. Und als wir endlich mit unserem Moskwitsch auf der Autobahn in Richtung Süden fuhren, war ich richtig aus dem Häuschen ...«

Nachdenklich schaute Markus über den Markplatz, tief war er in die Vergangenheit eingetaucht.

»Ich kann mich noch erinnern, dass ich mit meinem Vater auf einer Bank saß«, fuhr er fort und zeigte zu einer gegenüberliegenden Holzbank am Rathaus, auf der gerade ein junges Pärchen Platz nahm, bepackt mit schweren Einkaufstüten. »Wir hatten damals eine ausgebreitete Landkarte auf den Beinen und besprachen die Reiseziele der nächsten Tage. Mit den Fingern haben wir auf die Städte Bad Harzburg und Goslar gezeigt – und gelacht. Das war so eine Art Galgenhumor, weil uns der Weg zu den Städten im Westen natürlich durch den Grenzzaun versperrt war«, erklärte er und klang dabei fast etwas bitter, während er mit der Hand nach seiner Kaffeetasse griff.

»Mein Vater, das weiß ich aus vielen Gesprächen«, fuhr er fort, »wäre gern in andere, westliche Länder gereist. Manchmal hatte ich sogar das Gefühl, er würde am liebsten mit uns abhauen. Einfach über die Mauer und irgendwo neu anfangen. Vor allem hier im Harz, so nahe an der innerdeutschen Grenze, sprach er immer wieder von Flucht ... und hat oft geschimpft ...«

»Geschimpft? Worüber?«

»Es ging meist um Politik, um Wünsche und Hoffnungen. Manchmal hat er sich aber auch einfach nur über die Autos in der DDR aufgeregt, über die Trabis und die Wartburgs. Ärgerte sich über den blassen Lack und die kantige Kastenform.«

Für einen Augenblick schwiegen wir alle, und Markus holte tief Luft. »Es war schon eine seltsame Zeit, damals«, sagte er dann. »Meine Großmutter durfte ja in den Westen reisen. Ein Mal im Jahr fuhr sie zu ihren Schwestern in die BRD ... Noch heute sehe ich sie in ihrem Abteil sitzen, den besten Hut auf dem Kopf und Tränen in den Augen. Es war für sie, als würde der Zug in ein fernes, fremdes Land fahren. Dabei waren es von Rostock nach Stuttgart doch nur ein paar Hundert Kilometer. Aber mittendrin stand diese Mauer aus Stacheldraht und Minenfeldern. Was für ein Wahnsinn!«

In der Unterwelt
von Rübeland

Die Decke über unseren Köpfen wurde auf einmal immer niedriger. Wir mussten uns ducken, um nicht mit dem Schutzhelm anzustoßen. Ein ungutes Gefühl kroch in mir hoch, als wir in einen schmalen Gang traten, der in die Dunkelheit führte. Mit den Händen stützten wir uns an den feuchten und rauen Felswänden ab, während unsere Stiefel auf dem schlüpfrigen Untergrund knirschten. Unsere Augen mussten sich erst an das fahle Licht der Lampen gewöhnen, die in großen Abständen an den Höhlenwänden befestigt waren. Doch dann sahen wir die herrlichsten Stalagmiten, Stalaktiten und Gesteinssäulen, steinerne Kunstwerke, geformt durch aufgelösten Kalkstein, der sich als kalziniertes Mineral neu ablagerte – eine Welt der bizarrsten Formen und Farben. Eisenoxide sorgten für Orange und Gelb, Mangan für Schwarz und pflanzliche Stoffe für Rot.

Wir befanden uns in der Baumannshöhle und waren mit einer fünfköpfigen Gruppe von Ausflüglern in die Tiefe der Erde abgestiegen. Über und unter uns lagen Hunderte Meter Felsgestein. Wir waren in einer Welt ohne Tageslicht und Himmel, die in Rübeland liegt, einer ostdeutschen Kleinstadt inmitten eines engen Talkessels, der den rund 1500 Einwohnern nur wenig Platz bietet. Ein paar Wohnhäuser und Lokale gibt es dort, eine hübsche Kirche und einen kleinen Bahnhof mit langem Perron, wo die Schmalspurbahn fauchend, dampfend und mit quietschenden Stahlrädern mehrmals am Tag Station macht.

Von Wernigerode waren wir über Nöschenrode, Wald-mühle und Astberg entlang des Zillierbaches und des Schieferberges nach Elbingerode gewandert, von wo man *die blauen Umrisse des Brockens und seiner Nachbarberge* sehen konnte, wie Heinrich Heine schrieb. *Die Gegend ist traulich schön, es kommen Bergpässe, sogar ein Stück Land-straße, ebenfalls Tannenforste, wo die Sonne durch die ge-pflanzten Stämme scheint und die lieben Hirschlein spazie-ren gehen.*

Ein paar Kilometer weiter liegt Rübeland, wo *unge-heure Berge in die Höhe* ragen, *verwunderliche Felsen, in denen man kleine Höhlenöffnungen gewahrt, die vom Volke Zwerglöcher genannt werden und zur Zeit der Hunnen den Bewohnern dieser Gegend zum Zufluchts-ort gedient haben sollen. Mitten durch dieses Bergtal fließt die Bode,* die sich seit undenklichen Zeiten ihren Weg durch das Land bahnt. Ein Fluss, den Heine als *breites mürrisches Wasser* erlebte, *das unwillig braust, wenn es sich hier und da bequemen muß, über hohe Steine* zu stürzen, um *steigend seinen Weg zu nehmen. Längs die-ses Flusses ziehen sich die rußigen Häuser von Rübe-land, einem Dorfe, das meistens von Eisenarbeitern be-wohnt wird. Die dunklen Schmiedegesichter schauen aus den niedern Fenstern, die Rauchwolken ziehen aus den Türen, die Hämmer schmettern, der Amboß dröhnt, und die Bode rauscht.* Zwei *große Höhlen* gab es hier *zu sehen –* die Baumannshöhle und die Bielshöhle. Und da *die ers-tere ... nicht so gut zu befahren* war, entschloss sich Heine – mit seinen Wanderkollegen –, *die Bielshöhle* zu besuchen.

Der Aufseher der Höhle, schrieb Heine, wohnte *am rechten Ufer der Bode; bei ihm* zogen sie sich *Bergmanns-jacken* an, ehe er sie *über die Brücke nach dem Bielsberge* führte, *der am linken Ufer liegt. Der Berg soll seinen Namen ... von dem altdeutschen Götzen Biel* haben, *der hier verehrt* wurde. Doch Heine wusste *nichts von einem solchen Biel. Vielleicht war es Bileam,* witzelte er. *Ja vielleicht war es gar sein Esel, dessen hochwohlgeborene Nachkommen noch bis auf* den heutigen *Tage in Deutschland verehrt werden.*

Die Höhle selbst erschien Heine *weiter ... als das Berliner Schauspielhaus und enger ... als die Seele eines wahren Dichters.* Sie *besteht eigentlich aus einer Verbindung von fünfzehn Höhlen, die man ziemlich bequem besehen kann, und man nur hier und da auf Leitern herabsteigen oder durchkriechen oder sich durchwinden muss.* Eine Höhle, die *aus Tropfstein gebildet* ist, der *an allen Ecken die abenteuerlichsten Gestalten hervorgebracht* hat. *Die interessanteste ist »die betende Nonne«. Wirklich, es sieht aus, als ob diese von Bildhauerhand reliefartig in den Stein gemeißelt* wurde.

Andere Figuren entsprechen mehr oder minder den Namen, womit die Phantasie des Höhlenaufsehers sie getauft hat. Hier ... eine spinnende Jungfrau mit fliegenden Haaren, dort *Fische, Burgen, Riesen, Kammermädchen, Vögel, ja sogar ein Judentempel.*

Hier und da glaubt man an der Wand versteinerte Wasserfälle zu sehen, auch der Boden bildet hier und da versteinerte Wellen. Die oberen Wölbungen sind meistens wie die eines gotischen Doms. ... Gefühlstörend war es, als plötzlich unser Führer eine kanzelartige Höhe erstieg, im Predigertone einige Reime hersagte und nachher mit einem Schlüssel einige Tropfsteinsäulen anschlug, die zwar wie Orgelpfeifen aussahen, aber schlecht klangen.

Wir waren nach Rübeland gekommen, um in jene Bielshöhle einzusteigen, die Heinrich Heine einst besucht hatte. Doch aus Sicherheitsgründen war sie zurzeit gesperrt. So kam es, dass wir uns stattdessen zum Besuch der Baumannshöhle entschlossen. Sie ist die älteste Schauhöhle der Welt. 1536 wurde sie von dem Bergmann Friedrich Baumann entdeckt. Durch ein verstecktes Felsloch gelangte er in die Rübeländer Unterwelt, wo er nach Eisenerz suchen wollte. Doch kaum war er in der Höhle, da ging ihm die Öllampe aus. Ohne Nahrung verbrachte er mehrere Tage in absoluter Dunkelheit, ehe er den Ausgang fand. Tags darauf starb er an totaler Entkräftung.

Bereits 1646 gab es die erste organisierte Führung in die Baumannshöhle. Damals wurden die Besucher noch mit Körben und Seilwinden von einem Höhlenbereich in den anderen befördert. Heute dagegen braucht man nicht einmal eine schwierige Kletterpartie auf sich zu nehmen. Alle Gänge und Gewölbe sind problemlos zu Fuß zu erreichen.

Unser Höhlenführer war eine uniformierte Frau mittleren Alters, die seit zwanzig Jahren Touristen durch die Baumannshöhle begleitete. Freundlich, sachkundig und burschikos erklärte sie Stalagmiten, die vom Boden zur Decke wachsen, und Stalaktiten, die von der Decke zum Boden wachsen, zeigte Sinterperlen und Sinterfahnen – und erzählte von den riesigen Höhlensystemen im Harz, wo vor etwa 100000 Jahren noch Menschen in unterirdischen Gewölben gewohnt hatten.

Zu den Attraktionen der Baumannshöhle zählt vor allem der »Goethesaal« mit dem »Wolfgangssee«. Das imposante Felsgewölbe ist vor Millionen von Jahren entstanden. In seiner Mitte liegt, wie ein dunkler Spiegel, ein großer unterirdischer See, dessen Oberfläche jedes Mal in Bewegung gerät, wenn Stalagmitentropfen in das Wasser fallen. Hier herrschte eine unglaubliche Stille, die nur vom Flattern einiger verirrter Fledermäuse unterbrochen wurde, die über unseren Köpfen hektisch ihre Kreise zogen.

Ebenso fremdartig schön erschien uns der »Bärenfriedhof«, eine zimmergroße Felsgrotte mit skurrilen Wandgebilden, die an surreale Unterwasserwelten erinnerten. Neben dem Skelett eines Höhlenbären sahen wir dort nicht nur Werkzeuge und Gefäßscherben aus der Jungsteinzeit, sondern auch versteinerte Knochen fossiler Tiere. Archäologen fanden hier – und auch in anderen Höhlen des Harzes – Knochenreste von mehr als siebzig verschiedenen Tierarten, vor allem Überreste von Raubtieren wie Wölfen, Höhlenbären und Höhlenlöwen.

Will man einer uralten Legende glauben, so soll im Südharz, in einem 500 Meter tiefen Höhlengrund, sogar das Einhorn gelebt haben, jenes sagenumwobene Fabelwesen, das in der Bibel noch als gefährliches Tier galt und später zum Inbegriff der Reinheit und Güte wurde, zum Symbol der unbefleckten Empfängnis. Noch im 16. Jahrhundert waren die zu Pulver zermahlenen Knochen des Einhorns als Medizin gegen alle möglichen Krankheiten begehrt.

Wir verließen Rübeland in östlicher Richtung und wanderten an der mäandernden Bode entlang. Es ging von einer Flussbiegung zur nächsten, bis wir irgendwann auf schnurgeraden Asphalt stießen, wo die Sonne uns packte und in den Schwitzkasten nahm. Für einige Kilometer reduzierten wir unsere Bewegungen auf ein Minimum, liefen dumpf und mechanisch vor uns hin, während die Autos wie Pfeile an uns vorbeischossen.

Kurz vor Sonnenuntergang kamen wir unweit der Rappbodetalsperre zu einem großen Parkplatz mit bunten Verkaufsständen. Hier duftete es nach gegrillter Bratwurst und Pommes frites. Männer in schwarzem Leder schwangen sich auf ihre schweren Motorräder, spielten mit dem Gas und machten sich auf und davon.

Während Aaron es sich auf einer kleinen Wiese bequem machte, schlenderten Markus und ich an den Auslagen der Buden vorbei. Souvenirs der Region wurden dort angeboten. Eine kleine Holzfigur erweckte Markus' Interesse. Es war eine dieser bunten Hexen, die auf einem Besenstiel ritt. Sorgsam nahm er die handgroße Puppe von einem Haken, drehte ihren Kopf, strich mit der Handfläche über die Borsten des Besens und betrachtete die filigran gearbeitete Hexe wie einen wertvollen Ausgrabungsfund.

»So eine Figur hat mein Vater mir mal als Kind gekauft«, sagte er leicht gerührt. »Zu Hause in Rostock haben wir die kleine Hexe dann an die Wohnungstür gehängt, wo ich sie jeden Tag sah, wenn ich aus der Schule kam.«

Für ein paar Augenblicke hing Markus seinen Gedanken nach, bis ihn die grummelnde Stimme des Verkäufers in die Wirklichkeit zurückholte, der uns fragte, ob wir noch etwas kaufen wollten, sonst würde er jetzt schließen.

Markus überlegte kurz und entschloss sich dann zum Kauf der kleinen Hexe.

»Ihr kommt bestimmt aus Rübeland«, sagte der Souvenirhändler, ein Mann um die sechzig mit Stoppelbart, kariertem Hemd und Wildlederweste.

»Wir haben dort die Baumannshöhle besucht«, gab ich zurück.

»Ich wohne in Rübeland, am Stadtrand«, erzählte der Mann aufgeschlossen, reichte Markus die Hexenfigur, die er inzwischen verpackt hatte, und fuhr fort: »Die meisten Urlauber kommen wegen der Höhlen nach Rübeland. Doch abends werden hier die Bürgersteige hochgeklappt. Wie ausgestorben wirkt dann der Ort. Es gibt kaum Hotelgäste. Meine Frau und ich können froh sein, dass wir durch den Verkauf der Souvenirs einigermaßen zurechtkommen. So können wir wenigstens unser Häuschen noch halten. Tja, es sind eben schlechte Zeiten.«

Ich stimmte ihm nickend zu und musste an die vielen Fachwerkhäuser in Rübeland denken, in deren verstaubten Fenstern wir immer wieder Schilder mit der Aufschrift »Zu verkaufen« gelesen hatten.

Es war Zeit, weiterzugehen.

Durch einen langen Straßentunnel folgten wir der B81, die uns geradewegs zur Rappbodetalsperre führte, der am höchsten gelegenen Trinkwassertalsperre Deutschlands. Hier stauen sich die Fluten der Rappbode, die im Dreiländereck südlich von Benneckenstein entspringt. Von der Krone einer 106 Meter hohen Staumauer schauten wir auf einen acht Kilometer langen See – mit 110 Millionen Kubikmetern Wasser. Zusammen mit einigen kleineren Stauseen gilt dieses 390 Hektar große Gewässer als bedeutendster Energieerzeuger im Harz. Zugleich ist es das wichtigste Trinkwasserreservoir für Halle und Magdeburg.

Auf der anderen Seite der Staumauer erstreckte sich in der Tiefe ein wunderschönes Tal mit herrlichen Baumkulissen und den blauen Fluten des Flusses, in denen ein winziger Dampfer seine schäumende Spur zog. Darüber schwebte ein Fischadler, breit und dunkel, ganz flach in der Luft, mit ausgebreiteten Schwingen. Doch dies war keine malerische Idylle, auch kein Kontrast zwischen Natur und Zivilisation, eher eine Symbiose. Das eine lebte und profitierte vom anderen: die Illusion der Urtümlichkeit.

Durch die Abgase der umtosten Straße liefen wir weiter am Staudamm entlang, zurück in den Wald, wo altes Laub unter unseren Füßen raschelte. Als das Sonnenlicht langsam entschwand, kamen wir zu einer kleinen Wiese mit zwei Wohnwagen. Gleich daneben stand ein zweistöckiger, angegrauter Plattenbau. Hinter den Fenstern sah man verblichene Gardinen und pflanzenlose Blumentöpfe. Das Gebäude erinnerte an frühe DDR-Zeiten, als hier noch Trabants und Wartburgs auf dem Parkplatz standen und die Menschen Lieder der Gruppen »Karat« und »Puhdys« sangen.

»Früher war das ein FDGB-Heim«, sagte Markus. »Heute ist es ein Hotel mit Zeltplatzvermietung.«

»Ein FDGB-Heim?«, fragte ich irritiert.

»So wurden die Erholungsheime des Freien Deutschen Gewerkschaftsbundes genannt«, erklärte Markus. »Viele Mitglieder bekamen damals ihre Urlaubsreise günstiger. Und bei einer betrieblichen Planerfüllung gab es hin und wieder sogar einen FDGB-Urlaub als Auszeichnung.«

Im Innern des ehemaligen FDGB-Heims empfingen uns bräunlich getäfelte Wände, abgetretene anthrazitfarbene Fliesen und mächtige Blumenkübel, aus denen großblättrige Gummibäume rankten. Es roch nach altem Holz und Klebstoff. Von irgendwo hörten wir Stimmen. Dann näherten sich Schritte aus dem Halbdunkel eines Flurs. Eine junge Frau mit blondem, dauergewelltem Haar und kurzem blauen Rock begrüßte uns. Als ich fragte, ob wir auf der Wiese neben dem Hotel unsere Zelte aufschlagen könnten, meinte sie freundlich: »Kein Problem. Für zehn Euro könnt ihr auch die Toiletten und Duschen im Keller benutzen.«

Später saßen wir mit den Schlafsäcken vor unseren Zelten und genossen die kalte Klarheit des Himmels. Wie Katzenaugen glitzerten die Sterne in der Schwärze des Alls, während wir auf dem Gaskocher einen Gemüseeintopf zubereiteten. Dazu gab es Weißbrot, Tomaten und »Wernesgrüner Pils«. Es war das Abschiedsessen für Markus, der morgen zurück nach Rostock wollte.

Als der Mond erste Schatten warf und leuchtende Satellitenpunkte über die Milchstraße huschten, ging ich zum Duschen ins Kellergeschoss des früheren FDGB-Heims, wo ich weiß getünchte Wände, nackte Glühbirnen und rot gekachelte Duschen vorfand. Neben einem Toilettenbecken aus Porzellan hing eine dünne Schnur zum Abziehen. Alles war schlicht und einfach, fast herausfordernd unkomfortabel. Eigentlich passte das nicht so recht ins Bild Harzer Touristenunterkünfte. Doch war dieses anspruchslos Gediegene nicht viel ehrlicher als das Protzig-Exklusive der pseudorustikalen Großhotels?

Was braucht ein Mensch zum Leben?

Im »Grand Canyon
des Harzes«

Das Rauschen des Flusses packte mich. Ich konnte ihn hören – und auch sehen. Mein Blick glitt tief hinab, in eine
gigantische Schlucht, die wie ein aufgeblättertes Buch der
Erdgeschichte wirkte. Dort unten tosten die Fluten der
Bode.

Rund 90 Millionen Jahre brauchten die reißenden Wasser der Bode, um sich durch mächtige Granitfelsen zu
fräsen und diese atemberaubende Landschaft zu formen,
eine Landschaft, die einen einschüchtert und deren wilde
Schönheit Ehrfurcht gebietet. Rundum war alles so unfassbar groß und wirkte dennoch zum Greifen nahe. Hier
fühlt man sich klein, hineingeworfen in einen riesenhaften Kessel. Zerklüftete Wände, steil aufragende Pfeiler und
schroffe Gesteinsstufen wechseln mit glatt polierten Rinnen, kahlen Hanghalden und waldbedeckten Felswänden.
Dazwischen entdeckten wir bizarre Zackengebilde und
wettergeformte Granitblöcke, die an ferne Sagen- und Märchengestalten erinnerten.

Wir kamen uns vor wie Zwerge, als wir auf einem
400 Meter hohen Plateau standen und zum schäumenden
Grund der Bodeschlucht hinabschauten, in das tiefste Felstal nördlich der Alpen, das auch etwas euphemistisch als
»Grand Canyon des Harzes« bezeichnet wird.

Von diesem Canyon ging etwas unwiderstehlich Kraftvolles aus. Es war, als könnte ich die Kraft dieses Ortes
spüren, auch wenn sie nur schwer zu fassen, schwer zu
beschreiben war. Dieser Ort kann niemals wirklich den

Menschen gehören, nicht einmal für die Dauer eines Besuchs.

Wieder und wieder wanderten unsere Blicke über die imposante Berg- und Waldwildnis, wo die Fluten der Bode abgründige Klüfte gegraben hatten. Angesichts dieses großartigen Ausblicks wurde ich mir meiner eigenen Winzigkeit deutlich bewusst, meiner Unfähigkeit, die gewaltige Architektur der Natur zu begreifen. Wie klein und flüchtig das menschliche Dasein doch ist!

Seit vier Tage waren Aaron und ich dem Lauf der Bode gefolgt. Mit 166 Kilometern ist sie der längste Fluss des Harzes, ein hinreißend schöner Mäander, dessen Wege und Pfade so raffiniert angelegt sind, dass wir nie die Lust verloren, wandernd seinen unzähligen Windungen zu folgen. Manchmal leistete sich der Fluss regelrechte Kunststücke und schlängelte sich in wilden Kurven und Kehren um bewaldete Hügel und kahle Bergrücken.

Heinrich Heines Route wand sich hier durch bergiges Land, wo immer wieder Kämme von kühn geschwungenen Höhen wie Finger abzweigten und nur wenig Raum für Ebenen ließen. Kaum dass sich die aufgeworfenen Bodenfalten in den kesselartigen Talsohlen geglättet hatten, brachen sie erneut auf, gewannen zunehmend an Höhe, und brachliegende Wiesen und wild blühende Unkrautfluren rebellierten gegen jeden menschlichen Ordnungswillen.

Über Neuwerk, Wendefurth und Altenbrak wanderten wir zur Falkenklippe – zwei paar Beine, die sich in stetigem Auf und Ab bewegten, Kilometer um Kilometer. Sonnenauf- und Sonnenuntergänge waren durch Tausende von Schritten miteinander verbunden, während sich der Harz von seiner besten Seite zeigte. Kleine Idyllen säumten unseren Weg. Ein Naturschauspiel nach dem anderen bot sich unseren Augen, Wald und Fluss präsentierten sich in immer neuen Variationen von Grün. Um uns herum war ein Wirr-warr aus Buschwerk, Farnen, Moos und Bäumen. Selbst der Himmel war zuweilen ein einziges Geflecht aus unterschiedlichsten Grüntönen. Und die Verschiedenartigkeit des Gesteins erzählte anschaulich von der Gebirgsbildung vor 400 Millionen Jahren.

In diesen Tagen war mir Heinrich Heine sehr nahe, nicht nur durch seine Schriften, sondern auch durch eines seiner frühen Porträts: eine kleine Bleistiftzeichnung, die ein unbekannter Maler um das Jahr 1825 angefertigt hatte. Eine Kopie dieses Bildes steckte zwischen den Buchseiten der »Harzreise«, die ich in meiner Jackentasche mit mir führte und bei Bedarf zur Hand nahm. Indem ich dieses Bild gelegentlich anschaute, rückte mir Heinrich Heine näher. Und wenn dann noch die Geräusche der zivilisierten Welt ausgefiltert waren, wenn ich weder Autos noch Motorräder hörte, weder Flugzeuge noch Radiomusik, sondern den Stimmen des Flusses, der Bäume und des Windes lauschte, dann war es tatsächlich möglich, mit der Kraft der Vorstellung, sich Heine und der damaligen Zeit anzunähern.

In den Nächten war es manchmal so finster, als hätte man uns eine augenlose Maske über die Gesichter gezogen, manchmal wiederum funkelten die Sterne im hellsten Glanz, während wir im flackernden Schein eines kleinen Lagerfeuers saßen. Fasziniert starrten wir in das Farben- und Formenchaos gelb-roter Flammen, sprachen über Gott und die Welt.

Es gab nur noch uns und das Feuer.

So sollte es sein, jedenfalls hin und wieder, dachte ich. Ein Vater, sein Sohn – und Gespräche am Lagerfeuer: Das sind die besten.

Heinrich Heine als Student. Bleistiftminiatur
eines unbekannten Künstlers (ca. 1825–1828)

Hinter Treseburg, wo schmucke Villen in Holz- und Fach-
werkbauweise mit filigranen Türmchen und adretten Ve-
randen bis ans Ufer der Bode heranreichten, kamen wir zu
den »Gewitterklippen« und einem großen Geröllfeld, das
sich bis an den Fluss erstreckte. Ringsum prangte die Vielfalt herrlichster Bäume und Pflanzen. Wir sahen Bergahorn
und Buche, Sommerlinde und Esche, Himbeersträucher
und Schwarzen Holunder, Seidelbast und Alpen-Johannis-
beere und gleich daneben üppigste Krautschichten: Brenn-
nessel, Hirschzunge, Mondviole, Christophskraut, Schild-
farn, Kälberkropf, Aronstab, Goldnessel und Hexenkraut.

Schließlich erreichten wir die Strudeltöpfe des »Bode-
kessels«, wo der Fluss zwischen 200 Meter hohen Felsflan-
ken hindurchtoste. Weiß schäumend rauschten die Wasser-
massen durch den Granit, während wir über schlüpfrige
Bohlen und Stege zur »Teufelsbrücke« kamen, einem hölzernen Übergang, unter dem ein Wirbel dunstiger Fluten
dahinströmte, deren Schönheit alle darin brodelnde Gefahr
und Gewalt verbarg.

Danach gelangten wir zur »Schurre«, einem steilen Ser-
pentinenpfad, der uns durch verwitterte Granitblockfel-
der führte, hinauf zu einer traumhaften Aussicht, die uns

für alle Mühen belohnte: Über das wogende Grün stattlicher Galeriewälder schweiften unsere Blicke zu den zerklüfteten Felswänden der Bodeschlucht, wo sich die gischt- und schaumbeladenen Fluten durch eine senkrechte Kluft zwängten, um am anderen Ende wieder hinauszuschießen.

Jedes Jahr zieht diese Schlucht Hunderttausende von Touristen in ihren Bann. Und auch wir standen hier mit Ausflüglern zusammen – für einen Augenblick zur Gruppe erstarrt.

Nach einer Weile stiegen wir weiter. Über einen schmalen Felsensporn ging es zum »Rosstrappenfelsen«. Das ist ein glatt geschliffener Gesteinsklotz mit übergroßer, hufeisenförmiger Vertiefung. Eine Sage erzählt, dass die Königstocher Brunhilde, auf der Flucht vor Ritter Bode, mit ihrem Ross über die Bodeschlucht sprang. Beim Aufsetzen am gegenüberliegenden Felsrand hinterließ ihr Pferd einen tiefen Hufabdruck im Fels – die »Rosstrappe«. Der Verfolger und auch die Krone der Prinzessin fielen bei dem Sprung in die tosenden Fluten. Mitleidige Flussgeister verwandelten den in die Tiefe gestürzten Ritter später in einen Hund, der seither Brunhildes Krone bewacht.

Wie die »Rosstrappe« tatsächlich entstand, ist nach wie vor nicht geklärt. Sicher ist, dass in keltischer und germanischer Zeit der steinerne Hufeisenabdruck als heidnische Kultstätte genutzt wurde, was die Fantasie der Menschen im Bodetal über Jahrhunderte anregte. Oft gab die »Rosstrappe« den Anstoß dazu, auch andere bizarre Gesteinsformationen in Legenden zu verewigen. So erhielten viele Felsgestalten geheimnisvolle Namen, und man hauchte ihnen eine Seele ein, die den Geist der Geschichte atmet.

Hoch oben, auf der *Höhe der Roßtrappe*, die auch Heinrich Heine bestieg, *leuchtete* dem jungen Dichter das *Antlitz* der Bode *in sonnigster Pracht … entgegen*, und *aus allen Zügen hauchte eine kolossale Zärtlichkeit …* Zudem vernahm er *aus der bezwungenen Felsenbrust* das Tosen des Flusses, das ihn an *Sehnsuchtseufzer und schmelzende Laute der Wehmut* erinnerte.

Hier war es auch, wo Heine in einer Art entzückter Ehrfurcht die Stimme der *herrlichen Bode* hörte, deren *dunkles Auge* zu ihm sprach: »*Du gleichst mir im Stolz und im Schmerze, und ich will, daß du mich liebst.*«

Direkt gegenüber vom »Rosstrappenfelsen« liegt der berühmte »Hexentanzplatz«, ein ausgedehntes Granitplateau, das etwa 250 Meter senkrecht zum Fluss hin abfällt und das auch Heine gewiss nicht verborgen geblieben war. Doch in seiner »Harzreise« blieb es unerwähnt, wenngleich dieser Platz bis zur Christianisierung durch Karl den Großen als kultische Opferstätte galt. Beweis dafür ist ein alter Opferstein mit Runenzeichen, der erst zu Beginn des 20. Jahrhunderts gefunden wurde.

Noch heute ist der »Hexentanzplatz« in der Nacht auf den 1. Mai Schauplatz großer Walpurgisfeiern. Dann wird dieser Ort zum Zentrum folkloristischer Festlichkeit, und nur schwer kann man sich vorstellen, dass es hier im Mittelalter grausame »Hexenverbrennungen« gab. Allein in Quedlinburg, nur zehn Kilometer nordöstlich von der »Rosstrappe«, verbrannten im Jahre 1589 an einem einzigen Tag 133 »Hexen« auf den Scheiterhaufen.

Mit warmen Jacken und wollenen Mützen, die uns gegen Wind und Wetter schützen sollten, machten wir uns am nächsten Morgen – gleich nach dem Frühstück – auf den Weg in Richtung Südosten.

Gehen, gehen, gehen.

Tief hing die Wolkendecke über dem Bodetal, wo Aaron und ich im Zelt geschlafen hatten. Es war eine Nacht ohne Mond, aber dafür hatten wir den Zwiegesang des Flusses gehört: Eine mehrstimmige Melodie von Wellenschlag und Wasserrauschen hatte uns in den Schlaf begleitet.

Gehen, gehen, gehen.

Im rastlosen Takt marschierten unsere Füße auf dem dumpfen Pflaster der B185. Von dem kleinen Städtchen Thale, wo sich im 19. und frühen 20. Jahrhundert die feine Gesellschaft Preußens zur Sommerfrische traf, wanderten wir über Gernrode nach Mägdesprung, eine Strecke von rund 25 Kilometern, über Asphalt, Geröll, Sand und Wiesen. Dann lag in der zwielichtigen Dämmerung das dicht bewaldete Tal der Selke vor uns, die sich Heine als *fröhlicher* Fluss zeigte, den er mit einer Frauengestalt verglich: eine *schöne, liebenswürdige Dame*.

Und das war uns, an diesem wolkenverhangenen Tag, mehr als genug.

Durch das Selketal
zur Burg Falkenstein

Die ganze Nacht hindurch klatschte der Regen auf den wasserbeständigen Kunststoff unseres Biwaks. Wilde Böen zerrten an den Halteleinen, ließen die Zeltbahnen flattern. Und aus der Ferne ertönte bedrohliches Donnern. Mit schlechtem Wetter hatten wir laut Wettervorhersage zwar rechnen müssen, mit so schlechtem allerdings nicht. Diese Nacht hatte es richtig in sich. Und als eine Schlammpfütze am Zelteingang auch noch die Fußenden unserer Schlafsäcke durchweichte, fluchten wir lachend vor uns hin. Lachend? Ja, weil wir trotz aller Widrigkeiten eine seltsame Geborgenheit genossen, eine Geborgenheit, die man nur spürt, wenn man Gefallen daran findet, im Freien zu übernachten, ohne feste Mauern und ein Dach über dem Kopf.

Erst im Morgengrauen ließ der Regen nach. Kräftige Windböen rissen den bleischweren Wolkenvorhang auf, und erste blaue Stellen erschienen am Himmel. Wieder versöhnt mit der Natur, ließen wir die wärmenden Sonnenstrahlen auf uns einwirken und schauten über Wald und Wiese, wo alles zu neuem Leben erwachte. Wir sahen Spinnen in ihren glitzernden Netzen, ein paar Vögel, die ihr Gefieder putzten, und eine Handvoll stattlicher Frösche mit hauchdünnen Schwimmhäuten und fingerartigen Zehen, die uns neugierig beäugten und ein schrilles Konzert gaben.

Nach einer kleinen Katzenwäsche in der Selke und dem Frühstück, das aus heißem Tee und ein paar Wurstbroten bestand, las ich noch ein paar Seiten Heine, während Aaron schon wieder vom Reisefieber gepackt war. Seine Füße kribbelten, und er wollte los, wollte Strecke machen – eine rastlose Art, die ich von klein auf an ihm kenne. Er hat eben nun einmal Beine, die kaum schlappmachen.

Unsere ersten Schritte am Morgen waren oft ein bisschen steif. Doch im wechselnden Sonnenlicht, das durch die grünen Blätter der Baumwipfel gefiltert wurde, fanden wir rasch zu unserem gewohnten Rhythmus.

Gehen, gehen, gehen.

Stumpf stach der Blick zwei, drei Meter voraus in den vom Regen aufgeweichten Boden. Wir folgten dem plätschernden Wasserlauf der Selke, der sich an verwilderten Ufern vorbeischob. Ein gemächlicher Fluss, voller Ruhe und Beständigkeit. Von Westen nach Osten durchquert er den Unterharz und strömt hinter Ermsleben dem Norden entgegen.

Gehen, gehen, gehen.

Manchmal erschwerten Hügel das Vorwärtskommen, drückte der Rucksack im Kreuz, kniffen die Waden, meldeten sich die Bandscheiben, oder eine Blase platzte auf, wenn ein Stiefel am Fuß stundenlang an der gleichen Stelle scheuerte.

Den ganzen Vormittag strahlte die Sonne mit solcher Kraft durch die Blätterkronen der Baumwipfel, dass hier und da tausend glitzernde Funken auf dem Wasserlauf sprühten. Dann gab es wieder Stellen, wo die Selke fast vollständig ihren Atem verlor. Ganz still wirkte der Fluss mit einem Mal, und über dem silbern glänzenden Wasser schwirrten bunte Libellen. Doch sowie etwas Wind aufkam und den Duft von Gräsern und Uferblumen zu uns herübertrug, kräuselten sich die Fluten, glucksten und gurgelten und nahmen schäumend wieder Fahrt auf.

Das waren Momente, in denen das Wasser einen geheimnisvollen Ton erzeugte, voller gespenstischer Lockungen, denen wir Kilometer um Kilometer folgten, durch sanft gerundete Hügel und herrliche Wälder. Es ging vor allem durch Laubmischwälder, die zu den artenreichsten Lebensgemeinschaften zählen. Von der Wurzel bis zur Krone bieten sie vielen Tieren und Pflanzen einen umfangreichen Lebensraum. Wir sahen Stieleiche, Traubeneibe, Esche, Robinie, Schwarzpappel, Sommer- und Winterlinde, Hain- und Rotbuche, Berg- und Feldulme, Spitz- und Feldahorn, Edel- und Rosskastanie – ein weiteres Kleinod auf Heinrich Heines Route, die uns durch weite Talgründe führte, abgeschirmt von einigen Bergen, immer an der unbegradigten Selke entlang, *deren edle Einfalt und heitre Ruhe alle sentimentale Familiarität entfernt hält, die aber doch durch ein halbverstecktes Lächeln ihren neckenden Sinn verrät,* wie Heine fand.

Hier, *im Selketal,* widerfuhr Heine durch die Kapriolen des Flusses *mancherlei ... Ungemach.* So *plumpste* er *just in die Mitte* des Flusses, als er *das Wasser* an einer schmalen Stelle überspringen *wollte.* Und *als er das nasse Fußzeug mit Pantoffeln vertauscht hatte* und *einer derselben* ihm *abhanden oder vielmehr abfüßen kam,* riss ihm *ein Windstoß die Mütze* vom Kopf, ehe ihm kurz darauf die *Walddornen die Beine zerfetzten ...*

Doch all dieses Ungemach verzieh Heine der Selke *gern,* da sie ihn mit ihrer Schönheit und *all ihrem stillen Liebreiz* reich beschenkte.

Von nun an wichen wir der Selke nicht mehr von der Seite, hielten uns an ihr fest und erwanderten Szenerien, die wir Großstädter mit Worten kaum beschreiben konnten. Also schwiegen wir lieber. Allenfalls rief ab und zu einer von uns aus: »Schau mal, wie schön!« Oder: »Meine Güte, ist das toll!«

So gingen wir von Wegesrand zu Waldesrand, von einer Flusskehre zur nächsten. Und die herrliche Landschaft lief mit.

Von Zeit zu Zeit trafen wir auch andere Fußreisende: schweigsame Wanderer, hagere Jogger, schnatternde Pärchen, heitere Großfamilien, schnaufende Heimatausflügler, beleibte Strohhutträger, schwitzende Nordic-Walker und auch Menschen, die das Wandern anscheinend zu ihrem Beruf gemacht hatten und die mit Lodenjacken und Umhängen, Kniehosen und Kniestrümpfen, Spazierstock und Brotbeutel unterwegs waren. In diesen Augenblicken kam es mir vor, als wären wir in einen alten Heimatfilm geraten. Und mir wurde zuweilen angst und bange, wenn ich daran dachte, was passieren würde, wenn das einfache Wandern ausschließlich zu einer Art Massentrimmen verkommt, bei dem es vor allem um Anstecknadeln, Urkunden und Stempel geht.

Meistens tauschten wir mit den entgegenkommenden Wanderern nur einen kurzen Gruß aus. »Hallo!« oder »Grüß Gott!«. Und obwohl die Begegnungen nur flüchtig waren, hatten wir dennoch das Gefühl, als würde es in der Natur eine größere Aufmerksamkeit füreinander geben.

Gegen Mittag fanden wir eine passende Stelle für ein Picknick. Weit aufgespannte Baumschirme beschatteten ein blütenreiches Fleckchen Wiesenwildnis mit Gänseblümchen und Margerite, mit Hornklee und Wiesenflockenblume, mit Schmetterlingen und Käfern. Bequem im Gras liegend, kramten wir unsere Wegzehrung aus den Rucksäcken, die wir am Tag zuvor in einem Supermarkt von Gernrode gekauft hatten. Neben Brötchen und Schwarzbrot aßen wir Pflaumenmus und Honig, Mettwurst und Camembert, Pfirsiche und Birnen, Schokolade und Kekse.

Wir konnten uns nicht erinnern, dass uns eine Mettwurst jemals so gut geschmeckt hatte wie hier, in der warmen Mittagsluft des Selketals.

Ein paar Kilometer weiter wurde unser Weg zunehmend steiler. In großen Windungen stiegen wir ein dichtes Waldstück hinauf. Es ging zu einer 134 Meter hohen Bergkuppe. Und plötzlich lag sie vor uns: Burg Falkenstein. Wie ein Traum aus Kindertagen. Groß und wuchtig, unter blauem Himmel.

Hinter einer 17 Meter hohen Schildmauer, die der Burg ihren tropfenförmigen Grundriss gab, mussten wir sieben Tore durchlaufen, ehe wir in den steinernen Innenhof der Kernburg kamen, von dem die verschiedenen Gebäude abgingen. Zudem standen hier ein großer überdachter Brunnen und der Bergfried: ein 33 Meter hoher, fachwerkbekrönter Treppenturm. Hier war die Welt des Mittelalters fast greifbar. Und vor dem geistigen Auge sahen wir furchtlose Ritter und edle Damen, Gaukler und Spielleute, Händler und Handwerker, flatternde Wappenfahnen und schwere Rüstungen, Schwerter und Lanzen, Kettenhemden und Schilde.

Noch heute zählt Falkenstein zu den schönsten Burgen Deutschlands. Keine andere Burg im Harz ist so gut erhalten. Historisch belegt ist der auf das Jahr 1120 datierte Baubeginn. Damals wurde Burchard von Konradsburg erstmals Herr von Falkenstein genannt. Dreieinhalb Jahrzehnte später erhielten die Falkensteiner den Grafentitel.

Zwischen dem 15. und dem 17. Jahrhundert erlebte die Burg ihre intensivste Bauphase, was aber ihren mittelalterlichen Charakter in keiner Weise beeinträchtigte. Wahr ist auch, dass Burg Falkenstein im Laufe der Jahrhunderte von jeder Eroberung und Zerstörung verschont blieb. Zudem wurde hier Geschichte geschrieben: Ein Gedenkstein erinnert an Eike von Repgow. Der Legende nach soll er 1230 den »Sachsenspiegel« auf Burg Falkenstein vollendet haben, das erste umfassende Gesetzbuch aller deutschsprachigen Länder. Noch bis ins 19. Jahrhundert galt es teilweise als Grundlage der Rechtssprechung.

Auf einem Rundgang durch die Festung sahen wir das Jagdmuseum, den Rittersaal, farbenprächtige Malereien zur Geschichte der Burg und eine Suite aus dem Jahr 1840, die eigens für den preußischen König gestaltet worden war – ein »Muss« für alle Historienfreunde.

Schließlich rannte Aaron mit Riesenschritten die Rundtreppe des Bergfrieds hinauf. Ich stapfte langsam hinterher, brauchte auf den ausgetretenen Steinstufen des Wehrturms, die für die Ewigkeit gemacht schienen, etwas länger.

Oben angekommen, weitete sich von der Aussichtsplattform der Blick und verschlug uns den Atem. Wir sahen über das Selketal und die bewaldeten Hänge eines Naturschutzgebietes, auf ein paar Straßen und Häuser, die sich zu malerischen Orten zusammendrängten. Vor allem aber über Wald – rundum, so weit das Auge reichte. Und darüber lag das Blau des Himmels, wo ein Falke mit ruhigem Flügelschlag um die Burg schwebte, einer jener Greifvögel, die heute zum traditionsreichen Falkenhof der Burg gehören.

Am späten Nachmittag suchten wir uns unterhalb der Burg Falkenstein ein schattiges Plätzchen im Wald. Die nackten Füße baumelten im glucksenden Flusslauf der Selke, und wir wirbelten mit dem großen Zeh Träume ins fließende Wasser. Dann teilten wir uns einen Apfel und warfen ein paar Stöckchen in den Fluss, die wir mit den ziehenden Fluten auf die Reise schickten.

Aaron strahlte übers ganze Gesicht. »Ich kann immer noch nicht glauben, dass wir's geschafft haben!«

»Doch, wir sind am Ziel. Und du warst richtig toll!«, sagte ich voller Freude und Stolz auf die vielen Schritte meines Sohnes, die er aus eigener Kraft getan hatte, seit wir in Hamburg aufgebrochen waren.

»Du warst aber auch ziemlich toll, Papa!«

Wir lachten beide. Dann hob Aaron seinen Arm, streckte mir die rechte Hand entgegen und sagte:

»Los, gib mir fünf!«

Ich schlug ein.

Hier, am dicht bewaldeten Flussufer der Selke unweit der Burg Falkenstein, ging unsere Spurensuche durch den Harz zu Ende. Viel weiter durfte sie nicht gehen, weil auch Heinrich Heine hier den Schlusspunkt seiner literarischen »Harzreise« setzte, denn hier endeten auch die Aufzeichnungen aus seinem Nachlass. Zwar wanderte Heine noch weiter nach Eisleben, Halle, Jena und Weimar, doch dieser Teil war nicht mehr Gegenstand seiner veröffentlichten Reisebeschreibung. Selbst seine Begegnung mit Johann Wolfgang von Goethe in Weimar ließ er unerwähnt. Das Treffen verlief offenbar für beide nicht besonders erquicklich, zu unterschiedlich waren zu diesem Zeitpunkt ihre Ansichten über das Leben und die Literatur.

Mitte Oktober des Jahres 1824 gelangte Heine, nach vierwöchiger Harzwanderung, über Erfurt, Gotha und Kassel wieder zurück nach Göttingen. Dort fühlte er sich geradezu *gestärkt*, als er – neben dem Studium – mit der Arbeit an seinem Buch begann. *Ich habe zu Fuß und meistens allein den ganzen Harz durchwandert*, schrieb er, bin *über schöne Berge, durch schöne Wälder und Täler ... gekommen, und habe wieder mal frei geatmet.* Fern der gelehrten Engstirnigkeit und spießbürgerlichen Bedrängnis Göttingens empfand Heine den Anblick der Natur sogar als *sehr heilsam ... krampfstillend und gemütberuhigend.* Inmitten von Wäldern und Wiesen, Bergen und Flüssen hatte Heine jene Weite und Freiheit gefunden, die er brauchte, um kreativ und schöpferisch zu sein. Nur so konnte er das Projekt seiner literarischen »Harzreise« in die Tat umsetzen.

Nachdem die »Harzreise« schließlich erschienen war, hatte Heine für eine gewisse Zeit erwogen, eine Fortsetzung seiner Reisebeschreibung zu verfassen. Doch schon bald nahm er von dieser Überlegung wieder Abstand, und so gab es keine weiteren Niederschriften zum Thema Harz, außer jenen Seiten, die in Heines Nachlass gefunden wurden.

Kaum war die Sonne hinter den hohen Baumkronen des Selketals verschwunden, kam auch schon ein frischer Wind auf. Es war an der Zeit, im nahe gelegenen Meisdorf nach einem Gasthof Ausschau zu halten, wo es vielleicht nach Bratkartoffeln und ausgelassenem Speck roch und wo es für uns eine Schlafstelle gab – vielleicht ein Zimmer mit knarrenden Dielen und kleinem Waschbecken, die Toilette auf dem Flur und das Bett aus Großmutters Tagen.

Also stiefelten wir los, passten noch mal die Geschwindigkeit unserer Wahrnehmung der unserer Füße an und waren mit allen Sinnen und Gedanken ganz dort, wo unsere Beine gingen.

Gehen, gehen, gehen.

Der letzte Weg.

Das letzte Gasthaus.

Die letzte Nacht vor unserer Heimfahrt.

Und plötzlich war es, als würde der Film unserer Wanderung vier Wochen rückwärts abrollen. Ich sah noch einmal die Landschaften, Menschen und Orte, die sich scharf in die Netzhaut der Erinnerung eingeprägt hatten. Und ich spürte Stimmungen, in denen sich die ganze Faszination unserer Reise bündelte: beim Aufstieg zum windigen Brockenplateau, beim Übernachten im wuchernden Waldgrün, beim Blick in den weiten Schwung der Milchstraße, wenn sich ein Stern vom dunklen Himmel löste und einen langen Schweif hinter sich herzog. Das waren Momente voller Magie.

Doch was würde wirklich bleiben nach einer 250 Kilometer langen Wanderung durch den Harz?

Auf jeden Fall eine Menge traumhafter Naturkulissen mit wuchtigen Bäumen, vom Tau glitzernden Wiesen und bizarren Klüften. Auch farbenfrohe Fachwerkhäuser und uralte Burgen, dunkle Höhlenlabyrinthe und feuchtkalte Bergwerksgruben. Zudem das Lächeln einer alten Frau auf dem Marktplatz von Goslar, die knorrigen Hände der Waldarbeiter, die Fröhlichkeit der Kinder am Flusslauf der Ilse, das Rauschen des Regens, das Murmeln der Bäche und das Baden im Mondlicht. Nicht zu vergessen das kräftige Grün filigraner Farnwedel, das Aroma der Nadelbäume, das Laufen auf federndem Waldboden, das Streifen durchs hohe Gras, das Tagträumen beim Gehen, das Schneckendasein im kleinen Zelt, das gegenseitige Mutmachen, wenn Blasen, Bandscheiben, Kniegelenke, Brennnesselpusteln oder Mückenstiche plagten, all die Tage voller Anstrengung und Glücksgefühle – und eine Erkenntnis, von der schon Heinrich Heine wusste: *Ach! zu den unseligsten Missgriffen des Menschen gehört, dass er den Wert der Geschenke, die ihm die Natur am bequemsten entgegenträgt, kindisch verkennt, und dagegen die Güter, die ihm am schwersten zugänglich sind, für die kostbarsten ansieht.*

Zeittafel zu Heinrich Heines
Leben und Werk

1797   Harry Heine wird am 13. Dezember in Düsseldorf geboren. Mutter Betty (geb. van Geldern) und Vater Samson (Beruf: Tuchhändler).

1803–1815   Schulzeit in Düsseldorf: städtische Grundschule, Lyzeum und private Handelsschule.

1816   Beginn der kaufmännischen Lehrzeit in Hamburg bei seinem Onkel Salomon; Liebe zu Amalie, Tochter von Salomon Heine.

1817   Im Februar erste Gedichtveröffentlichung in der Zeitschrift *Hamburgs Wächter*.

1818   Gründung des Manufakturwarengeschäftes »Harry Heine & Comp.« in Hamburg.

1819   Auflösung von »Harry Heine & Comp.«. Heine beginnt ein Jurastudium in Bonn. Bekanntschaft mit August Wilhelm von Schlegel.

1820   Erste Prosapublikation mit dem Essay »Die Romantik«. Studium an der Universität Göttingen.

1821   Am 23. Januar wird Heine wegen eines Duells für ein halbes Jahr der Universität verwiesen. Im Sommer wechselt er zur Fortsetzung des Studiums nach Berlin. Bekanntschaft mit Gubitz, Hegel, Chamisso, Grabbe, Fouqué und dem Ehepaar Varnhagen. Im Dezember erscheint bei Maurer in Berlin Heines erstes Buch »Gedichte«.

1822	Publikation der »Briefe aus Berlin«. August/September: Reise nach Polen. Mitgliedschaft im »Verein für Cultur und Wissenschaft der Juden«.
1823	»Tragödien, nebst einem lyrischen Intermezzo«, Heines zweites Buch, erscheint bei Dümmler. Ab Mai Reise nach Lüneburg zu den Eltern und Aufenthalte in Hamburg, Cuxhaven und Ritzebüttel. Der Gedichtzyklus »Die Heimkehr« (u.a. mit der »Loreley«) entsteht in Lüneburg.
1824	Heine nimmt das Studium in Göttingen wieder auf. Im September Beginn der Harzreise. Oktober: Besuch bei Goethe in Weimar.
1825	Im Juni Taufe in Heiligenstadt auf den Namen Christian Johann Heinrich. Abschluss des Jurastudiums. Promotion zum Dr. jur. Im August und September erste Reise nach Norderney; erste »Nordsee-Gedichte«. Im November zieht Heine nach Hamburg, wo es ihm nicht gelingt, als Anwalt zu arbeiten.
1826	Im Januar erscheint Heines »Harzreise« in der Zeitschrift *Der Gesellschafter*. Heine lernt den Verleger Julius Campe kennen. Im Mai erscheint Band 1 der »Reisebilder« im Verlag Hoffmann und Campe. Sommerreise nach Norderney.
1827	»Reisebilder«, Band 2. Reise nach England. Oktober: »Buch der Lieder«. November: Umzug nach München, wo Heine Redakteur der *Neuen allgemeinen politischen Annalen* wird.
1828	Heines Eltern ziehen nach Hamburg. August: Beginn von Heines Italien-Reise. Am 2. Dezember stirbt der Vater, Samson Heine. In München scheitern die Verhandlungen über eine Fortsetzung der *Annalen*. Rückkreise Heines nach Hamburg.

1829	Heine zieht nach Berlin und Potsdam. Im Juli Übersiedlung nach Hamburg. Erste Reise nach Helgoland. Nach der Veröffentlichung von Bd. 3 der »Reisebilder« (Reise von München nach Genua, Die Bäder von Lucca) kommt es zum Skandal um die Platen-Satire.
1830	Französische Julirevolution. Dezember: »Nachträge zu den Reisebildern«. Vergeblich bemüht sich Heine um eine Stelle als Ratssyndikus in Hamburg.
1831	Heine zieht nach Paris. Begegnung mit Balzac, Berlioz, Chopin, Dumas, Hugo, Liszt u.v.a.
1832	Heine wird Korrespondent für die *Allgemeine Zeitung*. Artikelserie »Französische Zustände«.
1833	Heine wird Berichterstatter für die Zeitschrift *L'Europe littéraire*.
1834	Im Oktober lernt Heine Crescence Mirat (Mathilde) kennen, seine spätere Frau.
1835	Der deutsche Bundestag verbietet die Schriften des »Jungen Deutschland«.
1836	Heine reist durch Südfrankreich (Provence, Marseille, Avignon, Lyon).
1837	Verlagsvertrag zwischen Heine und Julius Campe über eine Gesamtausgabe (Laufzeit 11 Jahre). Regelmäßige Sommerreisen in die Bretagne und die Normandie. Cervantes' »Don Quixote« erscheint mit Heines Einleitung im Verlag der Klassiker, Stuttgart.
1839	Ab Januar erhält Heine von seinem Onkel Salomon eine Pension (4000 Fr.). April: »Schriftstellernöthen. Offener Brief des Dr. Heine an Herrn Julius Campe« wegen Zensurstreitigkeiten mit seinem Verleger.

1840	Weitere Tätigkeit als Korrespondent für die *Allgemeine Zeitung*. Im August Veröffentlichung von »Ludwig Börne. Eine Denkschrift«.
1841	Am 31. August Hochzeit mit Mathilde. Im Winter schreibt Heine seine ersten »Zeitgedichte«.
1843	»Atta Troll« erscheint in der *Zeitung für elegante Welt*. Erste Deutschland-Reise. Heine verkauft die Rechte all seiner Werke an Campe und erhält dafür eine jährliche Rente. In Paris beginnt er mit der Arbeit an »Deutschland. Ein Wintermärchen«. Bekanntschaft mit Karl Marx.
1844	Erste Haftbefehle gegen Heine, Ruge, Marx und andere Mitarbeiter deutscher Zeitschriften in Paris. Tod des Onkels Salomon Heine. Zweite Reise nach Deutschland (mit Mathilde). Es erscheinen: »Deutschland. Ein Wintermärchen« und »Neue Gedichte«. Heines Gesundheitszustand verschlechtert sich; fortschreitende Lähmungserscheinungen.
1846	Heine macht eine Kur in den Pyrenäen, seine letzte Reise.
1847	»Atta Troll« erscheint als Buchfassung.
1848	Februar-Revolution in Paris. Frankreich wird Republik. Heine schreibt letzte Berichte für die *Allgemeine Zeitung*. Im März revolutionäre Unruhen in Deutschland. Heine erkrankt an Rückenmarkschwindsucht. Ab Mai kann Heine nicht mehr das Haus verlassen. Beginn seiner Leidenszeit in der »Matratzengruft«.
1851	Julius Campe besucht Heine in Paris; Veröffentlichung des »Romanzero«; parallel dazu erscheint »Der Doktor Faust. Ein Tanzpoem«.

1854	Vertragsabschluss über eine französische Gesamtausgabe seiner Werke. Veröffentlichung der »Vermischten Schriften«. Im Winter beginnt Heine mit der Arbeit an den »Memoiren«.
1855	Im April erscheint »Lutèce« mit großem Erfolg.
1856	Heinrich Heine stirbt am 17. Februar um fünf Uhr morgens und wird drei Tage später auf dem Friedhof Montmartre beigesetzt.

Nachweise der
Heine-Zitate

Zitate aus Heines »Harzreise« werden nicht eigens nachgewiesen. Zugrunde gelegt wurde die Ausgabe: Heinrich Heine, Die Harzreise. Hrsg. von Manfred Windfuhr. Stuttgart 2003.

Im Folgenden werden die Heine-Zitate, die nicht aus der »Harzreise« stammen, jeweils unter Angabe der Seite in diesem Buch und einem Stichwort aufgeführt. Es werden der Titel des Werkes beziehungsweise der Brief, aus dem das Zitat stammt, sowie die Quelle genannt. Die Abkürzung »HSA« bezieht sich dabei auf: Heinrich Heine, Werke, Briefwechsel, Lebenszeugnisse. Säkularausgabe. Hrsg. von den Nationalen Forschungs- und Gedenkstätten der klassischen deutschen Literatur in Weimar und dem Centre National de la Recherche Scientifique in Paris. Berlin, Paris 1970ff., »DHA« auf: Heinrich Heine, Historisch-kritische Gesamtausgabe der Werke. In Verbindung mit dem Heinrich-Heine-Institut hrsg. von Manfred Windfuhr im Auftrag der Landeshauptstadt Düsseldorf. Bd. 1–16. Hamburg: Hoffmann und Campe Verlag, 1973–1997 (bei Zitaten aus dieser Ausgabe wurde die Rechtschreibung modernisiert), und »Leben in Briefen« auf: Heinrich Heine, »... und grüßen Sie mir die Welt.« Ein Leben in Briefen. Hrsg. von Bernd Füllner und Christian Liedtke. Hamburg: Hoffmann und Campe Verlag, 2005.

S. 7   Motto. Heinrich Heine an Moses Moser, 25. Oktober
              1824. HSA XX, S. 178.

S. 18   »Mischung ... Beobachtung«. Heinrich Heine an
              Ludwig Robert, 4. März 1825. HSA XX, S. 187.

S. 22 f.   »Freistaat«. Aus den Memoiren des Herrn von Schna-
              belewopski. DHA V, S. 153.

S. 23   »Erbaut von Karl dem Großen ...«. Aus den Me-
              moiren des Herrn von Schnabelewopski. DHA V,
              S. 154.

S. 23   »1) Das alte ...«. Aus den Memoiren des Herrn von
              Schnabelewopski. DHA V, S. 154 f.

S. 24 f.   »Jungfernstieg.« Aus den Memoiren des Herrn von
              Schnabelewopski. DHA V, S. 157 f.

S. 32   »Was wir gestern bewundert ...«. Die Nordsee. Dritte
              Abteilung. DHA VI, S. 143.

S. 32   »Sohn der Revolution«: Ludwig Börne. Eine Denk-
              schrift. DHA XI, S. 50.

S. 32   »Deutschland und die Deutschen«. Briefe aus Berlin.
              DHA VI, S. 37.

S. 32   »Nationalfehler«. Lutezia, Artikel III. DHA XIV/1,
              S. 112.

S. 32 f.   »Gar wunderlich ...«. Englische Fragmente. DHA
              VII, S. 211.

S. 33   »Eines Morgens umarmte er ...«. Memoiren. DHA
              XV, S. 83.

S. 33 f.   »Dreckmichel«. Memoiren. DHA XV, S. 85.

S. 46 »Kuhstall«. Heinrich Heine an Charlotte Embden (geb. Heine), 31. Juli 1825. HSA XX, S. 208.

S. 63 f. »Ein Traum, gar seltsam schauerlich …«. Buch der Lieder, Traumbilder II. DHA I, S. 19 ff.

S. 159 »Aus meiner Denkungsart …« Heinrich Heine an Moses Moser, 27./30. September 1823. Leben in Briefen, S. 109.

S. 159 »silberne Löffel«. Heinrich Heine an Moses Moser, 14./19. Dezember 1825. Leben in Briefen, S. 163.

S. 191 »Ich habe zu Fuß …«. Heinrich Heine an Moses Moser, 25. Oktober 1824. HSA XX, S. 178.

S. 193 »zu den unseligsten Missgriffen …«. Vorrede zur zweiten Auflage des Buchs der Lieder. DHA I, S. 56.

Für Rita und Aaron,
euer unermüdlicher Optimismus
gab mir Kraft und Inspiration –

und zum Andenken an meinen
Vater Harry Karsten,
der die Fertigstellung dieses
Buches nicht mehr hat
miterleben können.

Wohin gehen wir denn?
Immer nach Hause.

Novalis

Dank

Viele Menschen haben mir geholfen, auf den Spuren Heinrich Heines zu reisen. Vor allem möchte ich folgenden Personen danken, die mir bei der Wanderung durch den Harz sowie bei der Fertigstellung dieses Buches viele Stunden ihrer Zeit geschenkt haben: meinem »großen Sohn« Dirk Eickhoff, meiner Mutter Käthe Moser, Markus Möller, Susanne Bienwald und Christian Liedtke, der als wissenschaftlicher Mitarbeiter am Heinrich-Heine-Institut, Düsseldorf, das Manuskript mit seinem Fachwissen wunderbar lektorierte.

»Leute, die ein kleines Geschenk machen wollen, werden dieses Buch mit Vergnügen verschenken; kaufen es, um selbiges auf Reisen mitzunehmen, weil es wenig Raum einnimmt und 100 mal gelesen werden kann, ohne Überdruß zu erwecken.«

Julius Campe über die *Harzreise*, Brief an Heine, 26. November 1851

Heine / Liedtke: Die Harzreise
Mit Erläuterungen, Dokumenten, Abbildungen und Karte
ISBN 978-3-455-40111-0

Braunschweig

Wolfenbüt

Hildesheim

Salzgitter

A395

NIEDERSACHSEN

Leine

A7

Alfeld

Oker

Goslar

Oker

Bad
Harzb

Seesen

Rammelsberg

Göttingerode

Bocksberg

Auerhahn

Okerstausee

Einbeck

Clausthal-Zellerfeld

H

a

Brocke
11

Lerbach

r

Sösestausee

z

Braunlage

Northeim

Osterode

Dorste

Katlenburg

Herzberg

Leine

Nörten-Hardenberg

Bovenden

Weende

Göttingen

THÜRINGEN

A38

Witzenhausen

Heiligenstadt

0   5   10   15 km